加賀百万石・金沢が誇る名店

地元の食通が薦める

が誇る名店

JN027911

TOKYO NEWS BOOKS

はじめに

歴史的にも加賀百万石と称され、独自の伝統文化が花開いた街、金沢。
能登半島や霊峰白山、富山湾など、豊かな自然の恵みが近くにあり、
春夏秋冬、それぞれに魅力あふれる美食が満載です。

この本は、そんな金沢の食を詰め込んだ、美食案内本です。
金沢の食をよく知る人々に協力いただき、
特別な時に使いたい店、歴史ある老舗、予約が取りづらい人気店など、
金沢に訪れたらぜひ行っておきたいお店をジャンルごとに
「名店」として厳選し、一冊の本にまとめてみました。

「名店」との出会いで、旅を豊かに。

ぜひこの本を携え、食を通してその土地を知る
ワンランク上の旅に出かけてみてください。

Contents

地元の食通が薦める
加賀百万石・
金沢が誇る名店

金沢料亭の名店

寿司・天ぷらの名店

和食の名店

Contents

洋食・各国料理の名店

おでん・居酒屋・バーの名店

和洋菓子・カフェの名店

読み物

【チェックマークについて】
以下のような基準に該当する店舗にチェックを入れています。
□Group ─── 複数人対応可能なテーブル席や広間、個室あり
□One Person ─── おひとり様の入店可能
□Family ─── お子様連れの入店可能
□Business ─── 接待などに利用できる個室などあり
□Takeout ─── 持ち帰り用商品あり
□Souvenir ─── 日持ちする土産用商品あり

【データの見方】
☎電話　🏠住所　🕐営業時間　休定休日
🚃交通アクセス　🔗公式サイト　¥料金

●本誌掲載のデータは2023年11月末現在のものです。発売後に変更になる場合もあります。価格については基本的には税込表記となります。

金沢料亭の名店

料理はもちろん器、部屋のしつらい、給仕や店主の所作、言葉遣いなど……
金沢の美意識を凝縮したような場所が、金沢料亭。建物に足を踏み入れた瞬間に、空気が変わり、
その世界へと引き込まれていく。今の日本人にとっても、貴重な体験ができる場所へ。

料亭 大友楼

りょうてい おおともろう

金沢の食が楽しめる「夜の会席料理（加賀料理）」16,500円〜。11月からの香箱蟹料理は毎年心待ちにしている人も。

加賀藩代々の料理人を務めた
伝統を今に伝える老舗料亭

　天保元（1830）年創業、190年余りもの間、大切に加賀料理の伝統を守る『大友楼』。歴史を紐解くと、初代大友儀左衛門は加賀前田家三代当主・利常の元禄期、加賀藩の御膳所料理方の役に就き、以後代々加賀藩の料理人を務めている。藩の伝統的な料理や郷土料理、儀式料理を真摯に受け継ぎ伝える姿勢が、金沢を代表する老舗料亭たる姿だ。明治31年に北陸に鉄道が開通した際には金沢駅開設への活動功績が認められ、料亭として初めて駅弁当の販売が許された。今も『大友楼』の駅弁はJR金沢駅で旅のお供として

❶『大友楼』が守る伝統の「四季の治部煮」は必食の一品。❷『茶寮 一井庵』で人気の「和アフタヌーンティーセット」3,900円（前日までに要予約）。愛らしい甘味とお茶の香りを五感で楽しむ粋な時間を。❸駅弁でも人気の加賀料理「かに棒寿し」。職人が織りなす地元名物の味わいを堪能して。

親しまれている。

　戦中戦後を経て、店は伝統料理一筋に生き抜いた家として昭和22年、昭和天皇北陸御巡礼の際に大膳調進を拝命するまでに。司馬遼太郎や三島由紀夫といった多くの文豪も訪れ、その舌を唸らせた。「加賀料理」という表現を名付けたとされている小説家・吉田健一も、『大友楼』の金沢

郷土料理に魅了され足繁く通ったという。

　地の利がもたらす海、土、水の恵みを熟知した日本料理をはじめ、かぶら寿しや鯛の唐蒸し、季節の治部など伝統的な加賀料理が味わえる『大友楼』。金沢とゆかりがあり、陶芸家・美食家として名高い北大路魯山人が残した言葉「器は料理の着物」を地で行き、九谷焼の器や山中塗の

その日に仕入れた素材の持ち味を最大限に生かすため、毎朝献立を考案。「昼の会席料理（日本料理）」6,000円〜。

Data	☎ 076-221-0305　🏠 石川県金沢市尾山町2-27

📠 11:00〜14:00(最終入店13:30)、17:00〜20:00(最終入店19:00)
※前日までの完全予約制「茶寮 一井庵」は11:00〜16:00(LO15:30)※前日までの完全予約制
🈺 水曜　🚌 北鉄路線バス「南町・尾山神社」より徒歩1分　🌐 http://www.ootomorou.co.jp

❶風情豊かな尾山神社のほど近くにある老舗料亭。暖簾をくぐると喧騒から離れたゆっくりとした時間が流れている。❷旧藩時代のお茶室を改装した『茶寮 一井庵』では、金沢情緒と茶の湯文化が息づく。❸掛け軸や生花などの調度品が会食に彩りを添える中広間。4〜10名用の個室仕様。

椀に盛られた料理一品一品が、目と舌で味わう喜びに満ちている。加賀藩の茶道教授所だった茶室を改装した『茶寮 一井庵』では日本庭園を眺めながら、職人が作る甘味とともに茶の湯文化に触れられる。料亭、茶寮ともに、藩政時代の自宅に客人を招く「およばれ」の習慣が成熟された、細やかな心配りも特筆すべき魅力だ。

8代目店主
大友佐悟さん

東京で約7年間修行した後、8代目店主に就任。由緒ある『大友楼』の守るべき伝統を受け継ぎつつ、時代の変化にも柔軟に対応。もっと気軽に金沢の食文化を楽しんでほしいと、令和元年『茶寮 一井庵』の立ち上げを担当した。

Map ▶ **C-4** │ 日本料理 ◀ Category

つば甚

つばじん

贅を尽くした蟹料理「加能蟹と香箱蟹の夫婦盛り」50,000円〜。冬の日本海が育む、身の旨みと濃厚な味噌味。

金沢で最も歴史ある料亭
文人墨客が愛した加賀料理

　かつて加賀百万石の礎を築いた前田利家に仕える鍔師だったことがその名の由来。三代目甚兵衛が鍔師の傍ら営んだ小亭・塩梅屋「つば屋」から始まり、友人知人をもてなした。趣向に満ちた料理はた

ちまち評判を呼び、藩主や藩内の重臣らをも唸らせた。宝暦2(1752)年、創業270余年の金沢で最も歴史のある料亭だ。

　昼夜ともに会席コースと金沢の郷土料理が揃い、加賀野菜を含む地元の新鮮な食材に伝統の技を凝らした料理がいただける。驚くのは川村浩司料理長の新しい味への探究心だ。日本料理の真髄、季節

❶専用の治部椀に盛られた郷土料理「治部煮」(昼or夜コースの一品)。❷出汁香る上品な味わいの「蟹しんじょう」(昼or夜コースの一品)。ふわりとした食感と舌に残るカニの旨みが印象的。❸のど黒の脂が熱せられた石で焼け、香りが引き立つ。「のど黒の温石焼き」(夜のコース27,500円〜)。

や伝統行事を礎にした演出に、好奇心をかき立てる真新しさを散りばめる。11月の漁解禁の折には「香箱蟹」が主役を張る。金沢の食文化の豊かさを感じられる北陸の酒と料理のペアリングを楽しむのは美食家の粋。飲み口や香りの広がり方を熟慮した酒器に注がれる酒は秀逸だ。

　長い歴史のなかで育まれた趣と情緒は、纏う空気感から違いがわかる。初代内閣総理大臣の伊藤博文を魅了し、松尾芭蕉や芥川龍之介など幾人もの文人墨客が愛した料理としつらえ。苔むした中庭を愛でながら寛げる、日本風情豊かな部屋。大正ロマンを感じるモダンな洋間。現代では再現できない、200畳ひとつづきの大広間も圧巻の一言だ。部屋の趣はそれぞれ

文人墨客が好んだ「月の間」。料理やしつらえに魅了された伊藤博文は、この部屋で「風光第一楼」の書をしたためた。

Data
☎076-241-2181　🏠石川県金沢市寺町5-1-8
🕐11:00～14:00(LO)、17:00～21:00(LO)※2日前より完全予約制
🈴水曜　🚌城下まち金沢周遊バス右回りルート「広小路」より徒歩1分
🌐https://tsubajin.co.jp/

❶創業270余年、その歴史と逸話を聞き、堪能するのも楽しみのひとつ。❷廊下側の襖絵には『つば甚』に来店した若き歌人や画家が出世払いの御礼として描いた書や絵が。銀箔を貼った下地に金沢の漆を塗って建具に織り込んである。❸「鶴の間」の縁側の床材は、北前船の床板を再利用していて長い歴史を感じさせる。

違えど、料理や器の色彩を引き立たせるために敢えて色を抑えた風雅な佇まいとなっており金沢らしさを感じさせる。

　出迎えから食前食中、食後のひととき、見送りまで感じる「つば甚」の心意気。それは"お客様を思う心"に他ならない。全国はもとより、海外からも多くのゲストが訪れる日本屈指の老舗料亭たる所以だ。

料理長
川村浩司さん

金沢市出身。調理師専門学校卒業と同時に『つば甚』に就職。さまざまな業務を経験し、20代後半という若さで料理長に就任。奮闘の日々を経て今日に至る。『つば甚』がより親しまれるよう、自らが広告塔となり活動している。

Map ▶ **D-2** ┃ 日本料理 ◀ Category

浅田屋
あさだや

生すだれ麸や鴨肉などを煮込み、とろみをつけた「治部煮」。さっと煮ることで素材の味を引き立てている。

金沢の風雅を極めた
美酒美食の料亭旅館

　慶応3（1867）年に創業した、数寄屋造りの料亭旅館。欧州のロイヤルファミリーから米国のセレブリティーまで世界の美食家が集う名店だ。使われる器は、九谷焼はもちろん、アンティークの有田焼、京焼など全国の作家の器や、現代の技術では再現できない100年以上前の加賀蒔絵漆器など、ため息のでるような逸品ばかり。そんな器で、春はお抱えの釣り師に捕ってきてもらう鮎、夏は能登の海女が採る舳倉島の鮑、冬は地元の蟹、甘海老、ブリなど、旬の魚介、山の幸を堪能できる。料理は伝統に敬意を払いながら、新しい技巧

Data ☎076-231-2228 🏠石川県金沢市十間町23
🕐17:00～22:00(L.O.19:30)※2日前までの完全予約制
🚫なし 🚍北鉄路線バス「武蔵ヶ辻・近江町市場(いちば館前)」より徒歩3分
🌐https://www.asadaya.co.jp/ryokan/

❶11月上旬～12月下旬の期間のみ
解禁となる香箱蟹。蒸すことで旨みを
封じ込めている。期間中にはどのコース
(24,200円～)でも味わえる。❷カ
ニ入り茶碗蒸しにトリュフをたっぷり
あしらった名物の「トリュフ茶碗蒸し」。
❸石畳が続く風流なエントランス。

やトリュフなど和食では珍しい食材を積
極的に取り入れているのも特徴だ。魅せ
方にも工夫を凝らし、味わうだけでなく、
目にも心にも贅を感じさせてくれる。

　藩政期から磨き続けてきた美意識は、
訪れた人々の心に響き、時代を超えて愛
される名店に。金沢の風雅を極めた同店
で、贅沢な旅路のひとときを楽しみたい。

料理長
佐藤弘さん

能登半島の穴水町出身。中
学卒業時に浅田屋に入社し
て50年強、浅田屋一筋の料
理人。加賀料理の伝統は守り
つつ、加賀太胡瓜をくりぬい
て器にするなど、創造性は止
まるところを知らず。常に新
しいスタイルを追い求める。

Map ▶ C-3 | 日本料理 ◀ Category

日本料理 銭屋

にほんりょうり ぜにや

「蟹真丈」（手前）と「蟹の麺仕立て」。どちらも薄味仕立てで、蟹の旨みを存分に味わえる一品。

オーダーメイドのもてなしが
各国のゲストを魅了

　金沢の名料亭として、今や世界各国へその評判を広げている『銭屋』。同店の最大の特徴は、メニューが一切ないこと。その日の食材、天候、気温をはじめ、ゲストの様子や発する言葉、体の調子に至るま

で意識を払い、ゲストが求める料理を提供する。料理長と『京都吉兆』での修業を経た主人が毎日自ら仕入れに出向き献立を考える加賀料理のほか、海外のイベントで日本料理を披露しているシェフによる斬新な料理もコースを彩る。器も料理を最も引き立てる品を厳選。目と舌と心で深く味わってもらうことを一番のおもてな

Data ☎076-233-3331　🏠石川県金沢市片町2-29-7
🕐17:30〜18:30（最終入店時間）※2日前までの完全予約制（予約はHPより）
🈳日曜、不定休　🚌北鉄路線バス「片町（金劇パシオン前）」より徒歩4分
🌐https://zeniya.co.jp/

❶店内には大小の個室が6部屋。座敷席のほか、掘りごたつ席やイス席もある。❷名物の「あわびステーキ」。柔らかいながらも適度な弾力があり、肉厚の身にはアワビの風味が凝縮。❸北陸の美味を盛り込んだ「雪吊りの造里」。コースは20,000円〜。美しい料理がテーブルを彩る。

しと考え、ゲストを迎えている。

　また、金沢の料亭には珍しく、個室以外にオープンキッチンのカウンター席を用意。職人の鮮やかな手仕事や、料理人との会話を楽しみながら食事ができるのもカウンター席の醍醐味だ。「個室は少し敷居が高い」という人はぜひ利用してみてほしい。

Close up

世界が認める「ルレ・エ・シャトー」に加盟

世界各国の一流のホテルとレストランで構成される世界的な組織「ルレ・エ・シャトー」。より厳格な審査をクリアしたホテル  とレストランのみに加盟が許されていて、現在日本では「銭屋」ほか27軒が加入している。

Map ▶ **D-4** | **日本料理** ◀ Category

料亭 穂濤
りょうてい ほなみ

広々とした空間を2人で利用できる個室「松風」。掛け軸や飾り花など、二十四節気に合わせて趣きを変える。

ミシュラン2回連続2つ星店
金沢ならではの美意識が凝縮

　街の中心を流れる犀川の河畔。明治末期に建てられた趣深い門構えを抜けると、時間が止まったような穏やかな空間が広がる。そこには大工や左官など14名の金沢職人により作られた数寄屋造りや書院造りの個室が6つ。どの部屋からも手入れの行き届いた日本庭園を望むことができ、その佇まいに心奪われるだろう。料理は金沢の海・山・里の素材に対し、滋味を大切に、薄衣を被せる程度の調味で食材の味を最大限に生かすようにしている。ミシュランガイドで2回連続2つ星を獲得するなど、数々の食通を唸らせている店だ。

Data	☎076-243-2288　住石川県金沢市清川町3-11

営11:30〜15:00(L.O.13:00)、17:30〜22:00(L.O.19:00)※2日前までの完全予約制
休不定休　交城下まち金沢周遊バス右回りルート「広小路」より徒歩5分
H http://kanazawa-suginoi.co.jp/

❶旬の厳選食材を用いた会席料理を、美しい器とあしらいで楽しめる。❷料理長自慢の「くずきり」。ランチのくずし会席「瀬音」5,000円でも味わえる。❸素材の旨みを最大限に生かした椀物。薄味ながら丁寧な仕事ぶりが感じられる。❹老舗の貫禄漂う佇まい。春には桜が満開になる。

　また、新たに誕生した「離れ」は、個室ではないものの、水庭を中心に庭園が広がる和モダンな雰囲気で、伝統と革新が融合した新スタイル。カウンターで気軽に料亭の味を堪能したり、個室で歴史を感じさせる調度品などを愛でながら、優雅なひとときを満喫したり。ニーズに合わせて利用できるのが嬉しい。

店主
越沢晃一郎さん

金沢出身の店主。「古き良き風情が残るこの金沢で、料理、建築、器、調度品など、日本の贅を五感で堪能していただけるのが当店の流儀です。しばし日常の喧騒を忘れ、くつろぎのひとときを心ゆくまでお過ごしください」

19

Map ▶ **E-2** 日本料理 ◀ Category

料亭 金城樓
りょうてい きんじょうろう

「大事なお客様は明るい色でもてなす」という金沢の風習のもと、艶やかな赤壁が印象的な「つぼみの間」。

風景・調度品・料理・器に至るまで
一流の貫禄を誇る老舗の名店

　130余年の歴史を誇り、金沢の中でも格式の高さは上位ともいえる料亭旅館。浅野川大橋から兼六園に向かう途中にあり、豪奢な構えの店先に立つだけで一流の空気を感じとることができる。部屋はすべて個室で、代々継承した美術品などを惜しげもなく配置。窓からは手入れの行き届いた庭園が眺められ、その静寂な雰囲気も相まって時を超えたような心地になる。料理は日本海を中心とした海の幸、能登の風土が生み出す珍味、加賀野菜の数々を巧みに使用。特に、朝競りを基本に、日本各地の漁港や市場から独自のルート

Data　☎076-221-8188　🏠石川県金沢市橋場町2-23
🕐11:00～13:30(L.O.)、17:00～19:30(L.O.)※3日前までの完全予約制
㊡なし　🚃北鉄路線バス「橋場町(金城樓前)」より徒歩1分
🏠https://www.kinjohro.co.jp/

❶日々料理長自らの目で見極める魚介類のお造り。❷器も美しい夜の会席コース「夕顔」22,000円。❸もともと前田家の庭園で、当時から150年以上変わらぬ趣きを守る。❹広々とした玄関から中に入るとライトアップされた狩野派による荘厳な屏風が広がり、圧倒されるほどの存在感。

で仕入れる魚介類に自信があり、それらの食材に最良の調理法を施し、繊細な加賀会席料理に仕上げる。一品一品に使われる器も華やかさを増し、まさに五感に刺激を受けながら料理を堪能できる。景色、調度品、料理、器のすべてに贅の極みを感じられる老舗で、贅沢なひとときを満喫してみてほしい。

料理長
加茂野隆志さん

能登の漁師町出身で、幼少から新鮮な魚と野菜に囲まれて育つ。その経験で培った感性を生かし、日々精進している。「食材は基本的に地物が中心ですが、最高の食材を求めて北海道や九州、豊洲からも仕入れを行っています」

Map ▶ | B-2 | 日本料理 ◀ Category

Data
☎076-243-2121
🏠石川県金沢市寺町1-8-50
🕐11:30～15:00、
　17:30～22:00(L.O.21:30)
　※3日前の正午までの完全予約制
休年末年始
🚌北鉄路線バス「寺町2丁目」より徒歩3分
🏠https://kincharyou.co.jp/

金沢迎賓館 金茶寮
かなざわげいひんかん きんちゃりょう

❶お造りや焼き物、炊き合わせなど、計11品を味わえる夜の懐石コース24,035円の一例。❷客室は離れ1棟を貸切で利用できる。写真は横山家の茶室として江戸時代末期に建てられた御亭の間。❸床の間に飾られた掛け軸や調度品がより一層趣のある雰囲気に。

庭園に囲まれた離れで
優美なもてなしと料理を

　加賀百万石前田家の元家老、横山家の別邸を譲り受け、昭和8(1933)年に創業。明治時代に建てられた本館のほか、寺町台から犀川口までの40mの斜面を利用した約1,000坪の庭園の中にそれぞれ趣の異なった4棟の離れが点在。創業以来「一客一亭」「一品一心」を旨としゲストをもてなしている。

　料理は京都の茶懐石をベースに地元の山海の幸をふんだんに使った加賀懐石。独自の技法を融合させた独創的な加賀料理の数々が並び、伝統工芸を巧みに利用した器も優美さを演出している。

Map ▶ | C-4 | 日本料理 ◀ Category

Data
☎076-241-3617
🏠石川県金沢市寺町5-1-38
🕐12:00〜15:00、17:00〜21:00
※3日前までの完全予約制
休日曜、祝日（予約があれば営業）、不定休
🚌城下まち金沢周遊バス左回りルート
「広小路」より徒歩2分
Hなし

山錦楼
さんきんろう

❶風流な襖間と鮮やかな緑の壁が印象的な「竹の間」。❷古い景観が広がる蛤坂にあり、その中でもひと際目を引く佇まい。❸料理は昼8,800円〜、夜11,000円〜。❹昭和初期の木造4階の建物は金沢市の指定保存建造物に認定。手すりや階段に至るまで当時の貴重な意匠が残る。

木造4階の貴重な建築物で
犀川を眺め、風雅な時間を

犀川沿いにある、明治28（1895）年創業の老舗。昭和初期の建物は増改築をしつつも、格子戸や擦りガラスなど当時のものが現存。色ガラスをはめ込んだ出窓、乳白ガラスの照明など、大正・昭和のレトロモダンな意匠に目を奪われる。緑・青・赤のカラフルな塗り壁の客間も塗り替えてはいるが当時のままだ。

ミシュランガイドで1つ星を獲得したことのある料理にも注目。金沢の旬の素材に繊細に仕事を施し、九谷焼や輪島塗の器へ。創業時から受け継ぐ器もあり、古いものの美しさが、特別感を演出してくれる。

| Map ▶ | D-3 | 日本料理 | ◀ Category |

Data
☎050-3647-0322
🏠石川県金沢市広坂1-9-23
🕐11:30～15:00(最終入店14:00)、
　17:00～22:00(最終入店20:00)
　※2日前までの完全予約制　休なし
🚌北鉄路線バス「広坂・21世紀美術館
　(石浦神社前)」より徒歩5分
🏠https://www.asadaya.co.jp/sekitei/

かなざわ石亭

かなざわせきてい

❶名物のしゃぶしゃぶは、銘柄には
こだわらずその時期最高品質の特選
黒毛和牛を仕入れ。秘伝のゴマダレ
が肉の旨みを倍増させる。❷格式と
モダンが融合したテーブル個室。記
念日や祝いの席にも最適。❸会席料
理は趣向を凝らした品々ばかり。❹
凛とした風格が漂うエントランス。

風格漂う町家造りの邸宅で
名物料理の数々を満喫

　加賀藩の家老を務めた横山家の邸宅
跡地を利用した料亭。兼六園や21世紀美
術館が徒歩圏内という立地ながら喧騒を
感じさせない静かな佇まい。大小10部屋
ある個室には書画骨董と季節の掛花が飾

られ、よく手入れされた庭とともに金沢の
風情を感じさせてくれる。加賀料理の伝
統を継承しながらも意匠に富んだ料理に
定評があり、昼は4,400円～、夜は11,000
円～と、風格ある料亭でありながら敷居
は決して高くない。金沢で初めて提供し
たという「しゃぶしゃぶ」は今もこの店の
名物のひとつだ。

寿司・天ぷらの名店

富山湾や日本海沿岸の海の幸が身近な金沢の人々は、鮮度のよいネタに普段から慣れ親しんでいるので、
おいしい魚には一家言ある。そんな金沢で人気を博す店に、まずもって間違いはない。
カウンターという特等席に座って、職人の仕事が光る一品を。

千取寿し
せんとりずし

お客様が寿司を手で嗜む場合はふっくらと、箸の場合はシャリ崩れせぬよう握り方を変える細やかさは脱帽ものだ。

風土に根差した寿司を極め
地元とともに生きる老舗寿司

　米、ネタ、水、酢、酒のすべてにおいて、妥協することなく極上の金沢寿司を愚直に目指す。それが昭和28（1953）年創業の名店『千取寿し』だ。寒暖差のある山間部で採れる希少な米は、石川県産「能登米

のとひかり」を使用。粘り気が少なく噛むほどに旨みを感じられる。地物を中心に季節の魚介が捌かれた様は、美しささえ覚える。また、店で使用される水は「百年水」と呼ばれ、北アルプス北部の「白山」の伏流水からなるミネラルたっぷりの地下水を使用。自然界で濾過された水は、米や酒、お茶をおいしくする立役者だ。「金沢

❶「慶雲満堂」の書を背景に、熟練の職人が寿司を握る美しい所作が見られるカウンター席。❷目抜き通りから1本入った閑静な場所にあり、入り口に続く石畳が何とも風流。❸ヒラメやキジハタ、マゴチなどの白身魚を中心に、ネタは常時20種以上。能登で獲れた赤西貝など近海の旬が揃う。

の風土を大切に、その地に根付いた素材を使う。地産地消に貢献することは、金沢を愛することと同意です」と語る三代目大将の吉田和久氏。山海の恵み、お客様への感謝とともに、『千取寿し』があるという。

旨い寿司はもちろん、特別な時間、寛ぎのひとときを提供したいと、店のしつらえともてなしにも格段にこだわる。カウンタ一席では、職人と会話を楽しみ、寿司の妙を知る豊かな時間が過ごせる。そのカウンターの前に掲げられた書「慶雲満堂」には「よろこびの雲が、建物に満ち溢れる」という意が込められる。すなわち、おいしい料理と楽しい雰囲気の中で、お客様の喜び溢れる笑顔いっぱいの店にという、大将の思いも含む。

江戸前仕込みの特上寿司が堪能できる「季節のお寿司」4,950円〜。大将の母方の故郷、能登の輪島塗を器に使用。

Data ☎076-221-5057 ㊁石川県金沢市石引1-17-2
🕐11:00〜21:30(L.O.21:00)※日曜・祝日11:00〜21:00(L.O.20:30)
㊡水曜、木曜 🚃北鉄路線バス「上石引」より徒歩3分
Ⓗhttps://sentorisushi.com/

❶香箱蟹の身を全て甲羅に盛り付けた酢の物は、11〜1月初旬までの冬季限定メニュー（時価）。❷味噌汁の具は「イワシのつみれ」。加賀みそとイワシの風味が上品な味わい。❸切腹を想起させる「腹開き」ではなく、武家文化の金沢では「背開き」が主流。カウンターでそんな妙話を聞くのも乙。

特筆すべきは、職人らのきめ細やかな気配り。ただひたすら旨い寿司を楽しんでほしいという心根からか、風格ある老舗ながら、どこか肩肘張らない雰囲気を醸し出す。気さくに応える大将や職人達の人柄が、観光客も常連と変わらず馴染みの店のように過ごせる魅力。一度訪れたら再訪を確信させる1軒だ。

三代目大将
吉田和久さん

先代より「魚の名前はもちろん、流通まで勉強せよ」と厳命される。東京・築地の仲買いと銀座の有名寿司店で修業の後、三代目大将に。従来は江戸の「ファストフード」だった寿司をもっと身近な存在にと願い、今日も寿司を握る。

Map ▶	C-1	寿司	◀ Category

小松弥助

こまつやすけ

炙りトロや煮ハマグリ、赤イカや甘海老など、森田流の独特な仕込みや握り方が際立つ寿司の数々。

金沢の寿司業界を牽引する
伝説の職人による握りに舌が唸る

　板場に立つのは、令和6（2024）年で93歳を迎える森田一夫氏。金沢ではレジェンドとして名高い同氏の寿司は、「舞うように握る」のが特徴。ゲストの口に入る前に、ネタやシャリに極力息をかけないため

に生まれた所作だ。また「伝説のイカ」と称賛されるイカの握りもぜひ味わいたい名物。厚さ数ミリのイカを透けるほど薄く三枚におろし、包丁の刃先で返すと、くるりと身がカール。そこに細く切れ目を入れてから握ると、口の中でほどけるシャリとねっとりと甘いイカが相まって、まさに至高の味わいとなる。

Data　　　☎076-231-1001　🏠石川県金沢市本町2-17-21 金沢茶屋別館1F
🕐11:00〜、13:00〜、15:00〜の三部制
※完全予約制(当日空きがあれば入店可)　㊡水曜、木曜
🚃金沢駅より徒歩3分　🅿なし

❶シャリはふんわりと手に取ってネタを添えるように優しく握る。❷明るく広々としたカウンター席。予約は月の最初の営業日から3カ月先の1カ月分を受付。❸お造りの一例。料金や内容は時期により異なる。❹食後に提供される椀物。

「昨日より今日。今日より明日。1ミリでも先に進むため常に疑問を持ち続けなければいけない」と今でも日々勉強中という、探究心が絶えない森田氏。店内は弟子やゲストから「おやっさん」という声が飛び交うアットホームな雰囲気だ。予約困難な店だが、レジェンド渾身の寿司を一度は味わってみてほしい。

店主
森田一夫さん

寿司屋の長男として神戸市で生まれる。15歳で寿司職人の道に。神戸、大阪、東京で修業を重ね、石川県小松の『米八』で腕を磨き、独立。ラジオのパーソナリティーや、新聞の連載などで寿司の魅力を伝えてきた経歴も。

天麩羅専門店 天金

てんぷらせんもんてん てんかね

ゲストのペースに合わせて揚げられる天ぷらは、軽い食感でいくつでも食べられそう。コース昼5,500円〜

目の前に広がる庭園を愛でつつ
揚げたての天ぷらを満喫

　老舗料亭旅館『金城樓』に併設する、金沢では数少ない天ぷら専門店。店内は庭に面したカウンター席のみで、大きなガラス窓の向こうに広がる美しい庭園を眺めつつ、職人が目の前で一品一品揚げてい

く天ぷらを堪能できる。天ぷらは最後まで胃もたれしないように、2種類の上質な油を絶妙に配合。衣もうっすらとまとう程度の濃度に調整し、さっくりと軽い口当たりに。素材の味も最大限に生かしている。その分、素材が命となるので、最も良質な食材を提供すべく仕入れは飯田哲宏料理長自ら毎日出向く。市場の様子や食材の状

Data ☎076-224-2467 住石川県金沢市橋場町2-23
営11:00〜14:00(L.O)、17:00〜20:00(L.O)※3日前までの完全予約制
休水曜、第1・3木曜 交北鉄路線バス「橋場町(金城樓前)」より徒歩1分
H https://www.kinjohro.co.jp/tenkane/

❶料理長が厳選する素材は、地元産を中心に、旬の食材が満載。❷目の前に広がる庭園も自慢のカウンター席。❸メニューはコース仕立てで、シメは天丼、天茶、かき揚げ+白ご飯から選択可。写真は地元産甘海老をたっぷり使ったかき揚げ丼。❹『金城樓』の敷地内にひっそり佇む店舗。

態を把握し、その日最高の素材をセレクトしているという。「金沢の素晴らしい地物食材はもちろん、地方の食材も積極的に取り入れています」と料理長が語るとおり、例えば穴子は長崎から生きたまま仕入れ、提供する直前に捌くこだわりよう。

細部まで心意気がこもった天ぷらを、美しい庭園とともに満喫したい。

料理長
飯田哲宏さん

青森県出身。『金城樓』で副料理長を務めたのち、『天金』開店を機に料理長として就任し、店を取り仕切る。「お客様の笑顔に触れる瞬間が、私のこの上ない喜びです。当店のこだわりが詰まった天ぷらを、ぜひお召し上がりください」

33

鮨処 みや
すしどころ みや

器ごと蒸して旨みと香りを閉じ込めた「のど黒の蒸し寿司」。熱々なのでスプーンで崩しながらいただこう。

ひと手間加えた小ぶりなネタと希少な日本酒に舌鼓

　地元客に愛された『鮨処あいじ』で修業を積んだ店主が営む店。シャリは地元・湯桶地方の米を使用し、酢は全国でも数少ない天然醸造で仕込んだ『今川酢造』の酢を合わせる。ネタは一品一品手間が加えられていて、シャリとのバランスも抜群。小ぶりサイズなので、つまみ感覚でいくつでも食べられてしまう。

　メニューは一品料理と握りがコース仕立てで提供される13,000円と15,000円の2コースのみ。どれも店主のアイデアと技術が詰まった品々ばかりだが、人気は修業先で名物だった「のど黒の蒸し寿司」。

Data	☎076-234-3733　🏠石川県金沢市片町2-30-2 ペントハウスビル1F
	⏰18:00〜、20:00〜の2部制※当日15:00までの完全予約制　㊡日曜、不定休
	🚃北鉄路線バス「片町（金劇パシオン前）」より徒歩3分
	📱https://www.instagram.com/sushidocoromiya/

❶それぞれの旨みを生かすためにひと手間加えた握り。❷目の前に豊富なネタが並ぶカウンター席。❸北陸を中心に、レアな銘柄が揃う日本酒も自慢。❹毛ガニと濃厚な毛ガニの味噌、内子にジュレ状にしたカニ酢をかけていただく一皿（コース料理の一品）。

のど黒の握りを器ごと蒸した品で、蒸すことで生や炙りと違ったのど黒の上品な脂の味わいが広がる。ネタの変形を防ぐため、シャリを上にして蒸すのは店主ならではのアレンジだ。

　店内は日本酒を片手に気さくな店主との会話を楽しめるカウンター席のほか、子連れも利用可能な個室も完備している。

店主
宮祐貴さん

近江町市場内の鮮魚店で勤務したのち、『鮨処あいじ』に弟子入り。10年の修業を経て、独立。北陸の食材と季節感を重視し、日々研鑽。訪れるたびに新しい味わいに出合えるとあって多くのリピーターに愛されている。

主計町 鮨むかい川

かずえまち すしむかいがわ

素材の旨みを倍増させる技が効いた握りが並ぶ「おまかせコース」10,000円〜。絶妙な薬味使いに注目を。

茶屋街の風情漂う町家で
店主渾身の逸品を存分に味わう

金沢の三茶屋街のひとつである主計町にあり、昔ながらの風情ある料理屋や茶屋が立ち並ぶエリアの一角にある店。弁柄格子戸の町家に構える店舗はカウンター4席、浅野川を見渡せる窓側にテーブル席が2卓のみ。こじんまりとした隠れ家的な佇まいと、握りのクオリティーの高さが評判を得ている。

店主は地元で評判だった『鮨処あいじ』の出身。「金沢の豊かな食材に感謝しながら、寿司を基本に和食の勉強に尽力しています」と語る言葉どおり、握りは寿司の枠にとらわれない和食のエッセンスを加

Data	☎080-9781-9988 　🏠石川県金沢市主計町3-6
	🕐18:00～21:00、土日12:00～14:00、18:00～21:00※前日までの完全予約制
	🛑水曜、不定休　　🚌北鉄路線バス「橋場町(主計町・ひがし茶屋街)」より徒歩2分
	🅿なし

❶コースに含まれるお造りも、昆布締めなど素材に合わせたひと手間を加えるのが店主流。❷4席のみのカウンター席。店主の巧みな職人技を眺めながら食事を楽しめる。❸浅野川の絶景を横目に食事を楽しめるテーブル席。春は桜が満開になり、まるで絵画のような美しさが広がる。

えたオリジナリティーの高いものばかり。ネタの一つ一つに細やかな手が施され、どれもほかでは味わえない店主ならではのセンスが光る。北陸産を中心とした旬の魚介類の旨みに、技とアイデアが加わった握りは多くの食通を唸らせるほど。なかなか予約は取りづらいが、一度は足を運びたい名店である。

店主
向川茂治さん

料理人歴約28年。「金沢は水、米、魚、野菜に恵まれた土地なので、それらの食材を生かした味にもうひとつ工夫を凝らした寿司を作りたいと日々模索中です」。寿司を基本に和食のおいしさを追及したいと語る。

| Map ▶ | A-1 | 寿司 | ◀ Category |

Data
☎ 076-267-0323
🏠 石川県金沢市大野町4-72
🕚 11:00〜22:00(L.O.21:00)
🈳 水曜(祝日の場合は火曜又は木曜)
🚌 北鉄路線バス「大野」より徒歩1分
🏠 https://www.housyouzushi.co.jp/

宝生寿し
ほうしょうずし

❶地元漁師から直接仕入れる冬季限定の新鮮なカニ。❷おませ握り9貫に一品料理3品などが付くマスターコース5170円。❸古民家を利用した店舗は格子窓が一面を覆い、伝統的な雰囲気を醸しだしている。❹北前船の廻船問屋をそのまま生かした活気溢れる店内。

廻船問屋の面影を残す店内で
日本海の恵みと郷土料理を

　北前船の交易で栄え、醤油の一大産地として知られる、大野。今も往時の風情を残す港町だ。この町で漁業に携わっていた先代がはじめたという同店は、金沢港で水揚げされた魚介類を毎日仲買から入手するなど、ネタの鮮度が自慢。さらにエビや貝類など地物の種類が豊富で、県内でも珍しいネタに出合えることもあるという。寿司以外にも、地産地消を掲げ、地元蔵元の醤油などを使ったこの土地ならではの一品料理を提供。白漆喰や朱壁など趣きある佇まいの中、四季折々の味覚と郷土の味を楽しんでみてほしい。

☑Group ☑One Person ☑Family □Business □Takeout

| Map ▶ | D-1 | 寿司 | ◀ Category |

Data

☎ 076-225-7680
🏠 金沢市安江町12-28
🕐 17:00〜、19:30〜の二部制、火・木曜は
　 18:00〜のみ、土曜はランチ12:00〜のみ
　 ※当日までの完全予約制
休 日曜（月曜が祝日の場合は月曜休み）
🚶 金沢駅より徒歩10分
Ⓗ https://www.tablecheck.com/ja/
　 sushi-issei/

鮨一誠
すしいっせい

❶おまかせコース13,200円〜の一例。ネタの個性に合わせ、珠洲の塩をひとつまみ振るなど細かな配慮を加える。❷店内はゲスト一人一人を見渡せるよう、8席のカウンターのみ。寿司を握るのは店主の国沢一誠氏。❸町家を利用した店舗。ほんのりとした灯りと黄色の暖簾が目印。

江戸前仕込みの北陸ネタと
ワインとの華麗なるマリアージュ

　金沢駅と近江町市場の中間、安江町の一角に平成28（2016）年にオープンしたこじんまりとした店。店主は銀座の寿司店のほか、和食店などでの修業経験もあり、趣向を凝らした一品料理と、赤酢のシャリを使った江戸前寿司をコースで味わえる。営業は基本的に二部制スタイルとなっているが、これはゲストの来店に合わせてシャリを仕込むため。さらに特筆すべきは日本酒はもちろん、ワインの品ぞろえ。料理や握りに合わせたワインをセレクトしてもらうこともでき、ワインとのマリアージュを楽しめるのも人気の理由だ。

☑Group ☑One Person ☑Family ☑Business ☑Takeout

Map ▶ **D-2** | 寿司 ◀ Category

COIL
コイル

日本の伝統的な「細巻き寿司」&「茶」を現代風にアレンジ

Data
- ☎076-256-5076
- 🏠石川県金沢市袋町1-1 かなざわはこまち2F
- 🕐11:00～21:30(L.O.20:30)
- 🈺不定休
- 🚌北鉄路線バス「武蔵が辻・近江町市場
  （いちば館前）」より徒歩1分
- Ⓗhttps://coil-japan.jp/
- ¥細巻き寿司1,740円～

☑Group ☑One Person ☑Family ☑Business ☑Takeout

Map ▶ **E-2** | 寿司 ◀ Category

鮨 みつ川 金沢本店
すし みつかわ かなざわほんてん

江戸前鮨の確かな腕を持つ大将がもてなす"つまみと握り"

Data
- ☎076-253-5005
- 🏠石川県金沢市東山1-16-2
- 🕐12:00～14:00(L.O.)、17:30～22:00(L.O.)
- 🈺水曜
- 🚌城下まち金沢周遊バス
  「橋場町(ひがし・主計町茶屋街)」より徒歩4分
- Ⓗhttps://sushi-mitsukawa.jp/kanazawa/
- ¥昼コース16,500円～、夜コース19,800円～

☐Group ☑One Person ☑Family ☑Business ☐Takeout

Map ▶ **E-2** | 天ぷら ◀ Category

天富良みやした
てんぷら みやした

カウンター席のみの空間で風情を感じながら天ぷらを食す

Data
- ☎076-253-4712
- 🏠石川県金沢市東山1-2-12
- 🕐12:00～14:00(L.O.)、17:30～21:00(L.O.)
- 🈺木曜
- 🚌城下まち金沢周遊バス
  「橋場町(ひがし・主計町茶屋街)」より徒歩1分
- Ⓗhttps://tempura-miyasita.com/
- ¥昼メニュー5,300円～、夜メニュー7,900円～

☑Group ☑One Person ☑Family ☑Business ☑Takeout

Map ▶ **A-3** | 回転寿司 ◀ Category

金沢回転寿司 左衛門
かなざわかいてんずし さえもん

地物の魚介を中心に毎日厳選した鮮度抜群のネタが自慢

Data
- ☎076-218-4077
- 🏠石川県金沢市泉が丘2-12-35
- 🕐11:00～15:00(L.O.14:30)、
  17:00～21:30(L.O.21:00)
- 🈺不定休
- 🚌北鉄路線バス「泉丘高校前」より徒歩2分
- Ⓗhttp://saemon-kanazawa.com/
- ¥みやびランチ1,780円（味噌汁付き）

和食の名店

町家を改装した店や地元の人に長年愛される老舗で楽しむ、郷土料理や名物鍋。
金沢で人気なのは大きな店ではなく、小規模だからこそできるサービスが心地よい、くつろげる店。
北陸の旬の味に出会うことができる場所は、季節ごとに訪れたくなる。

| Map ▶ | E-1 | | 日本料理 ◀ Category |

御料理 貴船

おりょうり きふね

夜コース1人前8,500円～（2名より）。名物の「盛り込み」やメインの肉と魚料理、デザートなど全8～9品のコース。

季節の喜びが咲き乱れる食膳
半年先まで予約が埋まる人気店

　茶屋街の一角に暖簾をかける日本料理店。昼夜ともに4組限定、全個室のしつらえは、まさしく時間を忘れるほどにくつろげる。大正時代の古民家を当時の趣はそのままにリノベーション。浅野川を眼下に望む2階の個室は予約至難の人気ぶりだ。魅力はなんと言っても食膳に季節が咲き溢れるような料理の数々。季節の味を一皿に盛り込み、目でも舌でも楽しめる華やかな逸品「盛り込み」はこちらの名物。憂鬱になる梅雨も、厳しい金沢の冬であっても、四季の喜びだけを切り取ったかのような美しい料理は、多くの食通の心を掴

❶日本酒がすすむ「アワビと氷見うどんの肝みそ和え」。❷金沢の季節を表現した「季節の椀物」。四季折々の食材を椀の中に織り込んだ、『貴船』のセンスが光る一品。❸彩りや飾り、器など趣向を凝らした「先付け」。さっぱりした刺身や濃い味付けの揚げ出しなど、味わいの違う2種で展開。

んでやまない。

　名店ひしめく金沢の和食シーンにおいて、「貴船」は異色の存在と言っていい。主人・中川清一氏は自らが良いと感じた食材の組み合わせや調理法は、正統派でなくとも臆することなく取り入れる。趣味の食べ歩きで出合ったアイデアを貪欲に料理に反映させるその姿勢。とどまることを

知らない探究心。同じ食材でも「同じ店とは思えない」と常連客が口を揃えるほど、提供される料理のアプローチは多彩だ。日本料理の本質を大切にしながらも、「今、ここでしか出合えない感動を」届ける彼の気概が、予約困難な人気店であり続ける理由である。メニューは昼夜ともにコースのみで、地元金沢の新鮮な食材をふんだ

風情ある浅野川沿いの古民家をリノベーション。好アクセスとは言い難い立地ながら、予約至難の人気店だ。

Data ☎076-220-6131 🏠石川県金沢市彦三町1-9-69
🕐11:30〜15:00(最終入店13:00)、17:30〜22:30(最終入店20:00)
※前日までの完全予約制 🈺水曜・第1火曜
🚌北鉄路線バス「橋場町(主計町・ひがし茶屋街)」より徒歩2分 🅿なし

❶中庭を望む1階のテーブル席。車の少ない通り沿いで、静かにくつろげる点も魅力。❷眺めのいい2階テーブル席個室。目の前を流れる浅野川の眺望が楽しめる。❸食事の締めくくりには土鍋で炊いた炊き込みご飯が登場。おかわりが続出するので、セルフスタイルをとっている。

んに使った献立は月替わり。11月解禁の「香箱蟹」がどんな料理で登場するかも注目だ。料理とのペアリングを楽しめるアルコールも充実。能登、金沢、白山など地元の日本酒、焼酎はぜひ試したい。欧州ワインやカクテルなども揃うので、バーテンダーの経歴も持つ主人におすすめを聞いてみるのも一興だ。

店主
中川清一さん

地元金沢の調理師専門学校を卒業後、市内のホテルに就職しウエイターやバーテンダー、洋・和食など約13年間、経験を積む。その後、割烹などで腕を磨き、2008年に独立。"より自分らしく"という料理人の集大成を目指している。

Map ▶ F-2 | 日本料理 ◀ Category

松魚亭
しょうぎょてい

3パターンの食べ方で楽しむ「のど黒 石焼ご飯」。約2人前の量なので、家族やグループでシェアできる。

浅野川や金沢の町並みを眼下に
旬の食材を使った和食料理を

ひがし茶屋街より観音坂を徒歩5分ほど登った先にある卯辰山。最も金沢らしい風景を望むことができることで有名な場所だ。同店はその卯辰山の中腹に立つ日本料理店で、穏やかな浅野川の流れと

金沢の素晴らしい眺望を楽しみながら食事を満喫できる。メニューは金沢近郊をはじめ、富山湾など日本海で水揚げされる新鮮な海の幸や、旬の食材を贅沢に盛り込んだ御膳や会席料理が中心。昼は3,300円〜、夜でも8,800円〜と価格も良心的だ。

また、のど黒料理もこの店の名物。中で

Data ☎050-3155-1010 🏠石川県金沢市観音町3-4-45
🕐11:30〜15:00(L.O.14:00)、17:00〜22:00(L.O.20:00)、日曜・祝日は〜21:30(L.O.20:00)
㊡なし 🚌金沢ふらっとバス(材木ルート)「天神橋」より徒歩6分
🏠https://www.asadaya.co.jp/shougyotei/

❶少量ずつ多くの品数が揃う「昼ご膳 夢香山」3,300円。ランチの一番人気メニュー。❷2名から利用できる掘りごたつ席の桟敷席。窓からの眺めが素晴らしく、昼と夜とでは異なった表情を見せる。❸卯辰山の中腹から、金沢の街並みを見下ろすように佇む。❹店舗は自然に囲まれていて隠れ家のよう。

も必食の品は「のど黒 石焼ご飯」(平日は要予約)。のど黒を贅沢に使った石焼きご飯で、最初の一杯はそのまま、二杯目は薬味をのせて、三杯目はのど黒でとった出汁をかけてお茶漬けに。脂ののったのど黒は身はふっくらとしているので、どの食べ方でも至福の味。好みの食べ方を見つけてみてほしい。

料理長
紺谷佳男さん

19歳で本社である『浅田屋』に入社。同店や『浅田屋旅館』などで料理の経験を積み、『金沢国際ホテル』和食調理部・高尾店料理長を務めた経験も。『浅田屋旅館』の料理長を6年間務めたのち、現在に至る。

| Map ▶ | E-2 | 日本料理 ◀ Category |

鍋・割烹 太郎

なべ・かっぽう たろう

さまざまな山海の幸が約15種類とてんこ盛りの寄せ鍋。付き出しとおじや、水物がセットで7,500円。

15種類もの具材が織りなす
絶品寄せ鍋が季節を問わず評判

　主計町茶屋街にある、昭和21（1946年）年創業の寄せ鍋専門店。毎年9月初旬に底引き網漁が解禁になり、より良い食材が入手できるため、基本的に9〜5月は寄せ鍋のみ、6〜8月はコース料理を提供し

ていたものの、近年は客のリクエストにより、予約をすれば夏場でも寄せ鍋が食べられるように。そんな夏でも食べたくなる寄せ鍋は、鯛やふぐ、カキなどの日本海で捕れる新鮮な魚介類や地元の旬野菜など多種多様な具が約15種類。創業当時から受け継がれる秘伝の出汁は、昆布と鰹をベースとした優しく上品な味わいで、具の

Data	☎076-231-5152　🏠石川県金沢市主計町2-7
	🕐17:00〜22:00※3日前までの完全予約制　㊑不定休
	✉北鉄路線バス「橋場町(主計町・ひがし茶屋街)」より徒歩1分
	🏠https://nabe-taro.com/

❶客席はすべて純和風の座敷部屋。希望によりテーブル席も用意してくれる。❷具材を入れるタイミングから取り分けまで、熟練の仲居がすべて担当してくれる。❸取り皿に美しく盛りつけてくれ、具は15種類もあるので、最後まで食べ飽きない。臼と杵でつく手作りのきび餅も好評。

おいしさを引き立てるのはもちろん、食べ進めるごとに素材から旨みが溶けだし、出汁そのものも極上の味わいに。それ故、シメで提供されるおじやには卵は入れず、具材の旨みで深みを増した出汁のみでゆっくりと炊き上げる。このおじやは「満腹でもいくらでも食べられる」と多くの客が口を揃える。

Close up

金沢の風物詩として伝統の味を継承

もともと芸妓だった先代が浅野川のほとりで始めた店で、屋号は先代の芸妓名をそのまま受け継いで命名。茶屋街の町並みに馴染む風情ある佇まいで、創業当時からの味、雰囲気、もてなしの心を今でも守り抜いている。

Map ▶ | D-2 | 日本料理 ◀ Category

金澤せつ理

かなざわせつり

「おまかせコース」20,000円〜（時価）。春は能登牛入りアスパラ鍋など、季節の素材が満載。

料理と客に真摯に向き合う
大将のこだわりとおもてなし

　「一客一亭」のおもてなし精神で、客の目の前で料理を作り、最もおいしいタイミングで提供するカウンター席メインの日本料理店。金沢の名料亭『懐石 つる幸』の二代目として名を馳せた大将の河田康雄氏が開店させ、2021年にはミシュランガイドで1つ星の評価を受けた名店だ。食材は信頼のおける近江町市場の仲買から仕入れ、仕込みから調理まで、すべて1人で手掛けるというこだわり。季節ごとの滋味に富んだ料理の数々は、河田氏自身が本当にその時期、その日に食べたいものだけを提供しているという。地酒をはじめ全

Data	☎076-264-2375　🏠石川県金沢市高岡町4-5　🕐18:30〜22:00(18:30〜一斉に提供スタート)

※予約制、カウンター席中心なので人数によっては対応不可の場合あり　㈱日曜、不定休
🚌北鉄路線バス「武蔵ヶ辻・近江町市場(いちば館前)」より徒歩5分
🏠https://kanazawa-seturi.com/

❶鶏ガラと野菜で出汁をとった夏の治部煮。コクがあり、清涼感あふれる味だ。※器や提供方法はイメージ❷加能蟹を使った蟹のミルフィーユ。カニの身と菜の花、トマトなどを重ねた春の味覚。❸海老しんじょや蓮根もちなど、季節によって内容が変わるお椀。❹温もりのある木格子が目印。

国から女将がセレクトするという日本酒と、ぜひ一緒に味わってほしい。

九谷焼など金沢らしい器や酒器が食卓を彩り、店内もカウンター正面の大きなモニターに金沢の風景が映し出される。大将と金沢の美味を談義するのも、また一興。土地の魅力を存分に堪能したいというゲストには、うってつけの店だ。

大将
河田康雄さん

大阪の『味吉兆』で修業し、25歳で実家の『懐石 つる幸』で下積みからスタート。33歳で料理長となり、ミシュラン2つ星を受賞した。2018年に同店を閉店し、2019年11月に『金澤 せつ理』を開店。メディア出演経験も多数。

Map ▶ **C-3** | 創作和食 ◀ Category

CRAFEAT
クラフィート

輪島塗の器などで堪能できるコース11,000円～の一例。器の素晴らしさに加え、料理のクオリティーも高い。

石川県が誇る伝統工芸品の
魅力を食を通して実際に体感！

　創業から200余年を誇る輪島塗の老舗「田谷漆器店」の10代目がプロデュースするレストラン。店名は「CRAFT」と「EAT」をかけ合わせた造語で、ただ料理を提供するのではなく、芸術的な蒔絵が施され

た輪島塗や山中漆器、九谷焼などを惜しげもなく使用し、石川県が誇る伝統工芸品の良さを食事を通して発信。実際に使ってみることで温かみのある使い心地や、手や口に触れたときの感触を感じられ、美術館やギャラリーで眺めるのとは異なる魅力を実感できる。

　1階はカウンターで創作おでんなど気

Data	☎090-4740-4177　🏠石川県金沢市木倉町5-2

☎17:00〜23:00(L.O.22:30)※2階席のコースは前日までの完全予約制、
1階もカウンター席のみなので複数人の場合は予約がおすすめ
㈱火曜　🚌北鉄路線バス「香林坊」より徒歩4分　🏠https://www.craft-eat.com/

❶器は実際に使い、気に入れば購入も可能。❷1階のカウンターは、天然木に天然漆を塗り拭き上げる輪島塗の技法「拭き漆」仕上げ。❸酒蔵で1シーズン酒造りをしてきた料理長が、料理に合う日本酒をセレクトしてくれる。❹料理には加賀野菜がたっぷり。創造性豊かな品々が揃う。

軽に利用できるアラカルトを、2階もカウンター席のみとなっていて予約制で和食コースを提供。コースは、11〜12品のメニュー構成で、スペシャリテは、蓋を開けると、加賀棒茶の燻煙が立ち上る「のどぐろのお刺身 玉手箱造り」。天ぷらをおでん仕立てにした一品など、1階の創意工夫溢れるアラカルトもぜひ味わいたい。

料理長
奥村仁さん

「型にはまらない驚きのある料理」がモットー。自身が目利きした海の幸や、直接生産者のもとに出向いて選び抜いた加賀野菜などを使い、現代和食を創作し続けている。「石川の工芸品と食のコラボレーションをお楽しみ下さい」

Map ▶ **E-3** | 日本料理・カフェ ◀ Category

兼六園茶屋 見城亭

けんろくえんちゃや　けんじょうてい

手まり寿司、牛すじ大根、のど黒の蒸し寿司などが入った、お昼の「特選 金沢の宝石箱」5,500円（要予約）。

金沢の食文化をたしなむ
上質なもてなしとしつらい

　特別名勝「兼六園」の、金沢城を一望できる絶好のロケーションに佇むお食事処兼カフェ。大正2（1913）年に誕生し、100年を超える歴史をこの地で刻んでいる。令和元（2019）年には、世界的な建築家・隈研吾氏の設計で改装。"サシモノ造り"と呼ばれる伝統工法を応用した大きな吹き抜け空間と、落ち着いた色調が印象的な風情あふれる店内となった。2階で味わえるのは、殿様の園遊弁当をイメージした昼ごはん、予約制でいただける夜の会席など、金沢の新鮮な食材を生かした四季の移ろいが感じられる日本料理だ。1

Data ☎076-222-1600 🏠石川県金沢市兼六町1-19
⏰11:00〜15:00、17:00〜21:00（夜は要予約）※1階カフェは10:00〜16:30※季節によって変更あり
🚫水曜※季節によって変更あり 🚌城下まち金沢周遊バス右回りルート「兼六園下・金沢城」より徒歩3分
🏠http://www.kenrokuen.jp

❶黒で統一した床壁天井に、金箔貼りが施された照明が映える。❷カウンター席を広く設けた1階のカフェ。ひとりでも気軽に利用ができる。❸金沢の老舗店の抹茶を使用した「野田屋茶店 厳選抹茶フォンデュ玉手箱 ペアセット」4,800円（ドリンク2点付き※内容は変更になる場合あり）。

階のカフェでは、160年以上続く「野田屋茶店」や能登半島の最北端・珠洲の人気焙煎所「二三味珈琲」、由緒正しい落雁の店「諸江屋（P110）」といった金沢人御用達の老舗のお茶やコーヒー、甘味などを提供。金沢の食文化、インテリアや器など、金沢の工芸文化が融合し、ここでしか味わえない上質なひとときを演出してくれる。

料理長
村上弘明さん

ミシュラン2つ星の日本料理店にて勤務。その後オーベルジュや海外レストランで研鑽を積み、日本料理の真髄を学ぶ。繊細な技と抜群の感性を持つ。「その日の最高の食材を仕入れ、基本を大切にした丁寧な料理でおもてなしします」

Map ▶	D-4	創作料理 ◀ Category

旬菜焼 はざま

しゅんさいやき はざま

生姜味噌と海鮮のエキスで絶品の出汁が味わえる「牡蠣白子能登牛味噌生姜鍋」。加賀一本ネギなど地元野菜も美味。

和・洋のジャンルを超えた
自由な発想の創作料理で魅了

　路地裏に入った住宅街に佇む、知る人ぞ知る名物店。フレンチの経験を持つシェフの狭間信一氏が、和・洋などのジャンルを超えた食べる人の心に響く料理を心がけ、夜は予約制の会席、昼は気軽な定食を提供する。自身の故郷である輪島の農産物や能登牛などの石川県の食材を使用し、狭間氏独自の趣向を凝らした創作料理に魅了されるファンが多数。素材・季節などに合わせて、和の技法とフレンチの技法を使い分けているという。同店のスペシャリテである「牛蒡とご飯の冷製ポタージュ」や「帆立貝とトマト和風グラ

Data   ☎076-224-5088 🏠石川県金沢市下本多町6-6-1-2 FLAT NO.1
🕛11:30〜13:15、18:00〜22:00、日祝18:00〜22:00※夜は要予約
🈺不定休 🚌北鉄路線バス「本多町」より徒歩3分
🅗なし

❶生姜味噌のスープが能登牡蠣の濃厚な甘みを引き立てる。❷季節の具材が楽しめる木箱入りの前菜。写真は鴨ロース、山菜のナムル、豆腐味噌漬け、しばたけ酢の物、加賀太胡瓜ジュレ。❸座敷席も完備。ゲストをおもてなしする際にも最適だ。

タン」をはじめ、コースで多彩な料理を味わってみてはいかがだろうか。10〜3月頃まで提供される「牡蠣白子能登牛味噌生姜鍋」（1人前）11,000円もおすすめしたい。生姜味噌の出汁に、たっぷりの能登牡蠣やタラ白子、能登牛（しゃぶしゃぶ用）、季節の野菜などを入れていただく、同店の冬の風物詩ともいえる料理だ。

オーナーシェフ
狭間信一さん

フレンチで経験を積み、28歳のときに自身の店をオープン。「料理、接客などを通して、お客様に寄り添い、ご満足いただけるかを大切にしています。簡単そうで、実は一番難しいんです」。その気さくな人柄に惚れ込む客も多い

Map ▶ | C-1 | 創作料理 ◀ Category

TILE
タイル

金沢薬味海鮮丼と、最中スープと糠漬け盛り合わせのセット。ネタの数も選べる。五つのネタ3,190円～。

「にじり口」から非日常空間へ
隠れ家で味わう新感覚の食体験

　江戸時代から続く歴史とトラディショナルな風情を残す金沢。その中心地にある築110年の町屋で味わえるのは、これまでの海鮮丼の概念を覆す、まるで宝石箱のような「金沢薬味海鮮丼」。新鮮な魚介類や昆布じめ、ローストビーフなど約30種類あるネタの中から、メニューによって5～8種類まで、好きなネタを自由に組み合わせてオーダーすることができる。

　シャリも香り豊かな赤酢を使用した赤シャリか白シャリを選択可能だ。また特筆すべきは、ネタと一緒に提供される自家栽培のマイクログリーン。ルッコラやイタリ

Data　☎076-255-2802　住石川県金沢市此花町4-18
営11:00〜15:00(L.O.14:00)、17:00〜22:00(L.O.21:00)
休不定休　交金沢駅より徒歩5分
H https://tile-japan.jp/

❶築110年の町屋をリノベーション。和モダンな落ち着いた雰囲気の中、箱膳を用いて食事が楽しめる。❷目印である"にじり口"から、オープンコードを入手してゲートを開き、非日常空間へ。❸人気のネタ「のどぐろの炙り」。火を入れることで香ばしい脂の旨みとレアな食感が楽しめる。

アンパセリ、レッドキャベツなど種類も豊富で、ネタの味を引き立てるうえ、海鮮丼で不足しやすいビタミン類を豊富に含んでいるのだとか。さらに動物性の食材を使わない精進セット「金沢薬味精進丼8種のネタ」も用意。"伝統の再定義"をコンセプトとする『TILE』で、金沢の新たな食文化を体験してみてはいかがだろう。

クリエイティブプロジェクトマネージャー
高市克己さん

料理人としてだけでなく、マネージメント業務・店舗運営業務にも従事し、創作和食・フレンチをはじめ様々な業態を経験。「古民家を近代的に改装した空間と宝石箱をイメージした海鮮丼で新しい食体験をお楽しみください」

Map ▶ | D-3 | 日本料理 ◀ Category

味処大工町 よし村

あじどころだいくまち よしむら

Data

☎076-232-3001
🏠石川県金沢市大工町22
🕐11:30〜14:00(L.O.13:30)、
　17:00〜22:30(L.O.22:00)※昼は要予約
🈺日曜※日・月連休の場合は月曜
🚃北鉄路線バス「片町(金劇パシオン前)」より
　徒歩3分
🏠http://www.ajidokoro-yoshimura.com/

❶地元客はもちろん、県外からのリピーターも多い。メニューに迷ったら、おまかせコースもおすすめだ。❷「のどぐろの塩焼」3,300円〜(1人前)は創業当時からの看板メニュー。人数に合わせたサイズで焼いてくれる。❸加賀れんこんを使用した郷土料理「蓮蒸し」。

料理人の丁寧な仕事が光る
リピーター多数の板前割烹

　昭和52(1977)年の創業以来、大工町で親しまれる割烹料理店。現在は二代目の吉村良一郎氏が板場で腕を振るう。接待などに利用できる個室も用意されているが、『よし村』の特等席は、なんといっても朱色のカウンター席だ。料理人の丁寧な仕事を眺め、出来立ての料理をすぐに提供してもらい、料理人との会話を楽しみながら食事をする……まさに、板前割烹の醍醐味を堪能できる。毎朝、近江町市場で仕入れる地元の魚介や野菜を生かした、季節ごとのメニューも豊富。「心を込めて調理しています」とは吉村氏の言葉だ。

☑Group ☑One Person ☐Family ☐Business ☑Takeout

Map ▶ | E-2 | 和食 | ◀ Category

居酒屋割烹 田村
いざかやかっぽう たむら

Data

☎ 076-222-0517
🏠 石川県金沢市並木町2-18
🕐 17:00〜22:30(L.O.22:00)
　※2日前までの完全予約制
⊗ 水曜(祝日の場合営業)
🚌 北鉄路線バス「橋場町
　(主計町・ひがし茶屋街)」より徒歩4分
Ⓗ https://www.kanazawatamura.com/

❶注文後にスライスする鮮度抜群の「ぶりしゃぶ」10,000円。❷「蟹しゃ
ぶ」(単品は時価、コースは27,000円、いずれも要予約)はさっと火を通し
てカニ味噌を絡めれば至福の味わい。❸プリプリのブリをたっぷり使った
「ぶり太巻き」2,000円。❹落ち着いた雰囲気の個室風の小上がり席。

一年中食べられる
生きたズワイガニが自慢の店

　浅野川にかかる梅ノ橋のたもとに佇む
割烹居酒屋。一年中食べられる生のズワ
イガニが自慢で、有名人も多数訪れる人
気店だ。鮮度抜群のズワイガニは、足は
生やしゃぶしゃぶで、胸身と爪は湯がい
て食べるのがこの店流。ズワイガニの旨
みを丸ごと堪能できる。カニ以外にものど
黒やブリ、かぶら寿司や蓮蒸しといった金
沢名物が豊富にそろうのも人気の理由だ。
著名料理研究家が著書でも紹介したオリ
ジナルの「田村うどん」も、もちもちとした
独特の食感で、ぜひ味わいたい名物。持
ち帰り用の生麺も販売している。

Map ▶	C-3	和食	◀ Category

八十八
はとは

Data
☎ 076-260-8166
🏠 石川県金沢市木倉町6-6
🕐 18:00〜22:00(L.O.21:30)
休 日曜(月曜が祝日の場合は営業、翌日休み)
🚃 北鉄路線バス「香林坊」より徒歩5分
Ⓗ なし

❶少量ずつ、7〜8種類の品を楽しめる「前菜盛り合わせ」3,080円(要予約)。どの料理も手間ひまが感じられ、この一皿で店主の技量が存分に感じられる。❷カウンターが8席、4名の個室が1室のみのこじんまりとした店。早めに予約をしておきたい。

店主の技と食材の旨味が融合
常に満席の町家割烹

　平成25(2013)年のオープン以来、口コミで人気を呼び、今では予約が取りにくい店として有名。食材は県内をはじめ、富山の氷見漁港から仕入れる朝捕れの魚介類や、契約農家から届く野菜がメイン。それらの旬の食材を店主のセンスで極上の一品に仕上げている。メニューは好みをあれこれ選べるアラカルトスタイル。和食が基本だが「からすみピザ」など、日本酒にもワインにも合う一品もそろう。シメにはサラサラとして食べやすい「牛すじカレー」を。県内外の多種多様な作家の器を使うのも店主のこだわりだ。

☑Group ☑One Person ☑Family ☑Business ☐Takeout

| Map ▶ | D-3 | 割烹 | ◀ Category |

割烹 むら井
かっぽう むらい

一手間加えた本物の加賀料理をリーズナブルに味わう

Data
- ☎076-265-6555
- 🏠石川県金沢市香林坊2-12-15
- 🕐11:30〜14:00(L.O.)、16:30〜22:00(L.O.)
- 🈳不定休
- 🚌北鉄金沢近郊バス「香林坊」より徒歩3分
- Ⓗhttps://kappoumurai.jp/
- ¥昼飲みコース3,900円〜、夜コース6,000円〜

☑Group ☑One Person ☐Family ☐Business ☑Takeout

| Map ▶ | E-2 | おにぎり専門店 | ◀ Category |

山里の咲
やまざとのしょう

伝統を守りながら手仕事にこだわった渾身の"能登にぎり"

Data
- ☎076-224-3039
- 🏠石川県金沢市尾張町1丁目4-32-1
- 🕐9:30〜17:00(L.O.)
- 🈳水曜
- 🚌北鉄路線バス「尾張町」より徒歩4分
- Ⓗhttps://yamazato-no-sho.jp
- ¥焼きおにぎり特選だし茶漬け
  里海(冷・温)1,650円

☑Group ☑One Person ☑Family ☑Business ☐Takeout

| Map ▶ | D-3 | そば | ◀ Category |

更科藤井
さらしなふじい

一切の妥協を許さない熟練職人が手掛ける極上そば

Data
- ☎076-265-6870
- 🏠石川県金沢市柿木畠3-3
- 🕐11:30〜14:00(L.O.)、17:30〜20:00(L.O.)、
  日曜・祝日11:30〜19:00(L.O.)
  ※そばがなくなり次第終了
- 🈳月曜(祝日の場合は翌日休業)
- 🚌北鉄路線バス「香林坊」より徒歩3分
- Ⓗなし
- ¥かきあげ天そば1,950円〜

☑Group ☑One Person ☑Family ☑Business ☐Takeout

| Map ▶ | E-1 | 日本料理 | ◀ Category |

宮田・鈴庵
みやた・すずあん

創業明治8年。金沢の伝統・加賀麩司が作る麩料理の数々

Data
- ☎076-252-6262
- 🏠石川県金沢市東山3-16-8
- 🕐11:30〜13:00(L.O.)、13:15〜14:45(L.O.)
- 🈳水曜
- 🚌北鉄路線バス「小橋町」より徒歩2分
- Ⓗhttp://www.kagafu.co.jp/contents/
  shop.html
- ¥麩料理コース3,850円〜

金沢 "じわもん" 名鑑

自然と人の営みが作り出した地物(=じわもん)の宝庫、金沢。
ここに紹介しているのはほんの一部。特色ある食材が満載だ

写真協力／金沢市農産物ブランド協会、加賀麩不室屋

②大野醤油

金沢の海の玄関として栄えた
「大野」は400年前から醤油造
りが行われ、今も10軒以上の蔵
がある醤油の町。大野醤油とい
えば、糖類を加えた素材を引き
立てる甘めの味。加賀料理に欠
かせない醤油だ。

①加賀野菜

金沢には江戸時代の頃から地域で親しまれ、その種
が守られている伝統野菜がいくつもある。そのうち源
助だいこんや金時草など15品目を"加賀野菜"として
市が認定し、積極的にその保護とPRをしている。

加賀れんこん
粘り強さを生かした
料理「蓮蒸し」が有名

ヘタ紫ナス
小さな丸ナスで、
柔らかく甘味が
強い。漬け物に

加賀太きゅうり
瓜のように太く色
が濃い。生はもちろ
ん煮ても美味

③香箱蟹・加能蟹
こうばこがに　かのうがに

北陸ではズワイガニの雄を
加能蟹、雌を香箱蟹と呼
び、毎年11～3月に漁が解
禁。雌の漁期はさらに短く
12月末まで。雌は雄の半
分ほどの大きさだが、橙色
の内子やカニミソ、茶色の
外子があり格別の味わい。

④のど黒

金沢では1年通して水揚げされる、
のど黒。アカムツとも呼ばれ、白身
のトロと称されるほど脂ののった
魚だ。北陸の人は白身の魚が好き
だが、のど黒はその筆頭。刺し身、
干物、煮付けが美味。

⑤加賀麩

加賀料理、おでんのほか、煮物、スイーツ
など、金沢の人は麩をよく食す。治部煮に
欠かせない「すだれ麩」は加賀藩の料理人
が考案したといわれている。創業150年以
上の「不室屋」などが伝統の製法を守る。

⑥寒ブリ

石川では順にコゾクラ、フクラギ、
ガンドと呼ぶ出世魚、ブリ。産卵
前で脂がのる冬は「寒ブリ」と呼び、
大トロの部位は濃厚な脂の旨みが
楽しめる。「かぶら寿司」はブリと
カブ、麹で作る石川の伝統食だ。

洋食・各国料理の名店

洋食草創期の味を受け継ぐ店からイノヴェーティブな手法でアートな一品を作り出す店まで。
素晴らしい食材の宝庫であるからこそ、それをいかに各国料理の手法で美味に昇華させるか。
職人のセンス、技が一番問われることになるジャンルかもしれない。

| Map ▶ | B-3 | フレンチ ◀ Category |

Chez-Nous
シェ・ヌゥ

異国情緒あふれる外観。特別な時間が過ごせる予感に胸が高鳴る。このワクワク感の演出もシェフの狙いだ。

金沢のフレンチを牽引する老舗
高台にある邸宅で優雅な時間を

　当時18歳の青年が、フランスをはじめヨーロッパ各地をまわって出合った田舎町のレストラン。のどかな田園風景を望むレストランで提供される、一流の料理、質の高いサービス、そして心に残る豊か

な時間。青年はその時、衝撃とともに「自分もいつか金沢にこんな店をもちたい」との思いを胸に深く刻んだ。青年の名は大橋正純氏、『Chez-Nous』のオーナーシェフだ。金沢でまだフランス料理があまり知られていない時代、昭和63（1988）年に『Chez-Nous』はオープンした。市街地で評判のフランス料理店となった8年目、街

❶白を基調にしたテーブルセット。一
つ一つ絵柄の違う手描きの絵が付け
られた、サービスプレートが歓迎して
くれる。❷エントランスやラウンジに
は趣向を凝らした調度品が並ぶ。昼
はステンドグラスから差し込む光が、
夜は照らされたランプが幻想的な雰
囲気を醸し出す。

並みや田園風景を一望できる現在の高台
に移転。18歳の大橋青年が夢見た景色が、
ここには広がっている。

　おもてなしは店の外から始まっている。
出迎える看板やランプ、ラウンジの調度
品、ステンドグラスから漏れる幻想的な
光。サービスプレートは世界で一枚だけ
の手描きの皿というこだわりようで、これ

から始まる食事に期待が高まる。いただ
けるのは正統派フランス料理。一線を画
すのは金沢ならでは、大橋シェフならでは
の一皿にかける情熱だ。フランスの高級
食材だけを使うのではなく、地元野菜や
魚を取り入れた、金沢だからこそ表現で
きるフランス料理。生まれ育った地元に恩
返しができるようにと、地産地消を掲げて

地元食材を使った金沢ならではのフレンチ「我が家の夕食」6,600円。奇をてらうことのない、老舗の安定感だ。

Data　📞 076-229-4811　🏠 石川県金沢市大桑町ワ392
📅 11:30〜14:00、17:30〜20:30
🈺 火曜　🚃 金沢駅より車で20分
🏠 https://chez-nous.owst.jp/

❶窓の外にはのどかな田園風景が広がる。時間を忘れるほどにゆったりと過ごせるのも魅力。❷併設するカフェ『サロンド・シェ・ヌゥ』では、ビストロメニューやスイーツが楽しめる。❸高台に立つ邸宅レストランゆえに出合える景色。美しい時間と自然は何よりの演出。

いる。

　併設する『サロンド・シェ・ヌゥ』では気軽なビストロメニューや自家製タルトなどがカフェスタイルで楽しめる。バルコニーから望む景観は、日常の喧騒を忘れさせてくれ、『シェ・ヌゥ（私たちの家）』の店名にあるように、レストラン、サロンともに安らぎに満ちた空間だ。

オーナーシェフ
大橋正純さん

ヨーロッパで出合った食文化に衝撃を受け、フランス料理の世界へ。25歳で修業先のレストランの料理長に就任。30歳で『レストラン シェ・ヌゥ』を寺町に開店。8年後に高台にある大桑に移転し、現在に至る。

Map ▶ **D-4** モダンフレンチ ◀ Category

Installation Table ENSO
L'asymetrie du calme

インスタレーション テーブル エンソ ラシンメトリー ドゥ カルム

コースの1品「加賀れんこんのフリット」。コースは14品24,200円〜。平日ランチは12,100円〜。

料理も器も空間もしみじみ満足
トータルで味わう極上フレンチ

　金沢市片町の住宅街に忽然と現れる、素朴な佇まいの一軒家モダンフレンチ。「インスタレーション」は展示空間を含めて作品とする芸術手法、「エンソ」は塩を駆使したシンプルな味付け、「ラシンメトリー」は非対称、「カルム」は静寂と、長い店名に店のコンセプトが表現されている。明治時代に建てられた洋裁学校をリノベーションした建物は、レトロ感と先鋭性が共存。シェフ自らが選ぶ作家の器は惚れ惚れするものばかりで、料理はもちろん、空間、器、土井誠シェフの人柄を含めてトータルで満喫できる店だ。

Data ☎076-208-4052　🏠金沢市池田町4-33
🕐11:30〜(最終入店12:30)、18:00〜(最終入店19:30)※要予約
㊡月曜(祝日の場合は翌日)　🚌北鉄バス「片町」(金劇パシオン前)より徒歩3分
🅗https://www.enso-kanazawa.com

❶スタイリッシュなインテリアで統一し、洗練された雰囲気の店内。❷62℃で加熱することで旨みを最大限に引き出した「カキの62℃」。クリーミーなフロマージュブランのソースとの相性抜群。❸旬の食材を使った繊細で独創的な料理。地元企業のsecca(雪花)社が製作した器にも心奪われる。

料理は加賀野菜や能登牛など、自ら生産地に足を運んで厳選した北陸の食材をふんだんに使用。アミューズからデザートまで、既成概念にとらわれない発想力と確かな技術で仕上げた料理に感動させられる。日本産やフランス産など、ゲストのニーズや料理内容に合わせて提供してくれるワインと共に楽しもう。

オーナーシェフ
土井 誠さん

和食の料理人としてのスタートし、関東・関西の日本料理店で研鑽を積む。その後、フレンチと出合い、銀座、スイス、デンマーク、フランスなどで修業。帰国後の2016年、食材に恵まれ文化が成熟した金沢で自らの店をオープンした

71

Map ▶ **F-1** | モダンフレンチ ◀ Category

MAKINONCÎ

マキノンチ

山の中腹にある隠れ家フレンチ。初めて行く際は見逃しそうになるほどの風情。

少量・多皿の個性派フレンチ
ライブ感も楽しい

「牧野家で食事をするように、リラックスして最高の料理を召し上がってほしい」という牧野浩和シェフの思いが店名に込められた『MAKINONCÎ(マキノンチ)』。そのコンセプトを反映してか、民家を改装して作られた店の外観は、一見フレンチレストランとは思えない素朴な佇まい。店内には大きなカウンターが配され、ゆったりくつろげる雰囲気だ。

料理は1コースのみ。皿数は全部で13品前後にもなり、少量でいろいろな料理が楽しめる。北陸で水揚げされた魚介や旬の地元野菜を使ったメニューは、ため

Data ☎050-3503-3318 🏠金沢市山の上町25-18
🕐18:00〜料理スタート(17:30入店可)、ランチ営業は要問い合わせ
🈺木曜、日曜不定休 🚌JR西日本バス「森山」バス停より徒歩8分
Ⓗhttps://www.french-makino.jp

❶おまかせコース28,000円〜。季節によって価格は変動するが、コースは1種類のみ。❷彩り豊かで新鮮な食材を使い、一皿一皿を絶妙な火加減・塩加減で仕上げている。❸フレンチの概念にとらわれず、和食や中華料理の要素を取り入れた自由な発想の料理が提供される。

息が出るほどのおいしさ。スタッフがカウンターで仕上げをしてサーブする演出が加わり、さながら料理ショーを見ているような感覚に。スタッフたちの「お客様に喜んでもらいたい」という心遣いに、食後はなんともいえない充足感に満たされる。小さな子ども連れや接待利用の場合は、個室が用意されているので予約時に確認を。

Close up

料理ショーが楽しめるコの字カウンター

お店のつくりで牧野オーナーがこだわったのは、厨房からつながるコの字カウンター。スタッフとゲストの距離感を一気に縮

めてくれる。目の前で繰り広げられる調理パフォーマンスを臨場感たっぷりに楽しめるのも嬉しい

Map ▶ D-2 │ スペイン料理 ◀ Category

respiración
レスピラシオン

地元食材を生かしたスペイン料理。コースは24,000円～。季節によって内容が変わり、違う味が楽しめる。

3人の気鋭料理人による
異色の極上スパニッシュ

　小学校からの幼馴染3人で作り上げた モダンスパニッシュレストラン。シェフは それぞれスペインなどで修業した実力派 だ。約150年前に建てられた民家をリノベ ーションした店内は、明治時代のステン ドグラスや、巨大テーブルを囲うウエイテ ィングルームなど独自の世界観が広がる。 令和5 (2023) 年秋に改装したことで席数 が増え、以前より予約が取りやすくなった。

　ここで楽しめるのは、シェフ自ら生産者 のところに足を運び入手した、金沢や能 登の食材で作る独創的なレシピ。コース の最初に出てくる「インパクト甘海老」や、

Data　　　☎076-225-8681　🏠金沢市博労町67
　　　　　⏰11:45〜一斉スタート（11:30入店可）、17:45〜一斉スタート（17:30入店可）
　　　　　💤月曜中心に月6回　🚌北鉄路線バス「武蔵が辻・近江町市場（いちば館前）」より徒歩4分
　　　　　Ⓗhttps://respiracion.jp/

❶明治時代初期から立つ長屋をセンスよく改装した、落ち着いた雰囲気のスペイン料理店。❷器のチョイスから見せ方の工夫までが絶妙。❸蔵を改築して作ったウエイティングルーム。木製テーブル上に設置されたオブジェは石川県の地形をイメージしている。

季節ごとに具材が変わる「パエリア」をはじめ、どれも驚くほど手間ひまがかけられている。単なる「スペイン料理」という枠にとらわれない意気込みが感じられる品々だ。濃厚なバスクチーズケーキ「しあわせチーズ」も人気で、店頭とオンラインで購入可能。上品な甘さのグルテンフリーケーキはお土産にもおすすめだ。

シェフ
梅 達郎さん・北川悠介さん・八木恵介さん

幼馴染の3人で起業。それぞれ公務員や機械メーカーなど、今とまったく違う仕事に就いていたが、将来3人で店を開くことを夢見て、それぞれ飲食の道へ転身。15年間の修業を経て、37歳で「respiración」を地元・金沢にオープン。シェフ3人が同格で運営するスタイルが独特だ。

Map ▶ D-3 | フレンチ ◀ Category

Jardin Paul Bocuse

ジャルダン ポール ボキューズ

旧知事室に作られたメインダイニングから金沢城を一望できる。夜はライトアップされてロマンチック。

リヨンの伝統を引き継いだ
噂に違わぬ正統派フレンチ

フランス・リヨンの名店『ポール・ボキューズ』の味・技術・哲学を引き継いで、金沢・香林坊の地に平成22（2010）年オープン。大正時代の建築様式を残したレンガ造りの建物「しいのき迎賓館」内にあ

り、伝統を重んじるフランス料理を楽しむのにふさわしい店構えとなっている。全面ガラス張りの窓からは、兼六園や金沢城公園の緑や石垣を眺められ、季節感あふれる料理に華を添えるだろう。

「良い素材を選び、良い火加減、良い味付けで仕上げる」。奇をてらわず料理の基本に忠実なところは『ポール・ボキューズ』

Data　☎076-261-1161　🏠金沢市広坂2-1-1 しいのき迎賓館内
📞11:30〜15:00(LO13:30)、17:30〜22:00(LO20:00)
🈳月曜(祝日の場合は翌日)　🚌北鉄バス「香林坊」より徒歩10分
🇭https://www.hiramatsurestaurant.jp/paulbocuse-jardin/

❶ポール・ボキューズ氏が時のフラン
ス大統領に捧げたとされるスープ。夜
のコースは12,100円〜。❷ベランダ
に面した10名用の個室。❸夜は建物
が幻想的に浮かび上がる。❹火の通り
を均等にするため部位ごとに茹で上
げた「オマール海老のサラダ仕立て」。

の伝統だ。「スズキのパイ包み焼きソース・
ショロン」「V.G.Eに捧げたトリュフのスー
プ」「牛フィレ肉のロッシーニ」など、世界
の食通たちを唸らせた逸品が、コース料
理に組み込まれているのも嬉しい。金沢
の大地の恵みを融合させた新境地のフラ
ンス料理。味はもちろん、食感や見ための
華やかさまで、すべてを堪能しよう。

料理長
藤久周悟さん

20歳で料理人を志し、28歳で
単身フランスに渡る。料理、ワ
イン、フランス文化などを学び、
帰国後「ひらまつ」に入社。
2010年『Jardin Paul Bocuse』
のオープンとともにスーシェ
フ(副料理長)に就任。2012
年から料理長として活躍。

Map ▶ B-1 | フレンチ ◀ Category

レストランぶどうの森 レ・トネル

レストランぶどうのもり レ・トネル

北陸の新鮮な食材を見た目にも美しく仕上げたコース料理の一品。コースは17,600円〜。

農園の採れたて野菜・果物と
北陸食材のハーモニー

金沢市北部の広大な土地に豊かな自然とブドウ棚が広がる『ぶどうの森』。洋菓子工房、カフェ、レストランなどが点在する敷地の一角に『レ・トネル』はある。店に足を踏み入れ、まず圧倒されるのがその空間。建築家・坂茂氏が設計したドーム型温室は、基礎構造が「紙管」で作られた特殊なもの。外光が降り注ぐ店内にブドウの木が茂っているのにも驚かされる。

耕作放棄地を整備して作った畑が店のそばにあり、なるべく農薬を使わずに野菜や果樹を栽培。ここで収穫された四季折々の野菜と、北陸の食材を掛け合わせ

Data	☎076-258-0204　🏠金沢市岩出町ハ50-1 ぶどうの森・本店敷地内
	🕐12:00～13:00(最終入店)、18:00～19:00(最終入店)
	🈺不定休　🚃IRいしかわ鉄道「森本駅」より車で5分
	Ⓗ https://lestonnelles.budoo.co.jp/

❶食材を丁寧に扱い、繊細で緻密に仕上げている。❷耕作放棄地だった場所を再生した直径90mの円形の畑「ラ・シェット」。コース料理を味わった後に、畑周辺を散歩することもできる。❸元々あったブドウの木を伐採せずドームを建てたため、店内のあちこちに自然のままの木が生えている。

てコース料理に仕立てている。採れたて野菜を使ったスペシャリテが「庭師高田ラボ」。畑を模した器に旬の野菜が並ぶ独創的な一皿だ。自社監修のワインやジン、オリジナルノンアルドリンクなど、料理に合わせてソムリエがセレクトするペアリングコースも人気。ただでさえおいしい料理を、さらなる高みへと導いてくれる。

シェフ
マルコ・サントスコイさん

メキシコ生まれ。アルゼンチン、アメリカのレストランでフレンチを学ぶ。和包丁など日本の伝統工芸品に興味を抱いて2016年に来日。ラテンアメリカで培われた大胆な発想で、日本の食材をフランス料理に取り入れている

Map ▶	E-2	洋食	◀ Category

レストラン 自由軒

レストラン じゅうけん

タンや野菜が鉄板上でデミグラスソースと絡んだ「タンシチュー」2,075円。タンはトロトロに柔らかい。

地元で愛され100年以上
金沢を代表する洋食店

　和の文化が息づき、フォトジェニックな写真が撮影できる「ひがし茶屋街」。その一角にレトロな石造りの洋館『レストラン自由軒』が佇んでいる。明治42（1909）年に創業した金沢を代表する老舗洋食店。

昔ながらの味を代々引き継ぎながら、100年以上もの間、地元金沢で愛されてきた。今の川上廣喜店主は4代目で、将来の5代目とともに厨房に立っている。

　メニューには「ハヤシビーフ」1,295円、「クリームコロッケ」1,320円、「海老フライ」1,875円といった定番洋食が並ぶ。どれも既製品は使わず丁寧に下ごしらえするこ

Data ☎076-252-1996 ㊟金沢市東山1-6-6
㊋11:30〜15:30(LO15:00)、月〜金17:00〜21:30(LO21:00)、土日祝16:30〜21:30(LO21:00)
㊡火曜、第3月曜 ㊜城下まち金沢周遊バス「橋場町(ひがし・主計町茶屋街)」より徒歩2分
Ⓗhttps://www.jiyuken.com

❶人気のクリームコロッケ1,320円。
自家製クリームとオリジナルパン粉で
カリッと揚げている。トマトソースが
アクセント。❷厨房前のカウンター席
は、店主と近しく接することができる。
❸ノスタルジックな外観。❹ケチャップ
ライスにエビが投入された贅沢な
「海老ライス」965円。

とで、美味しさをとことん追求。50以上も
のメニューにすばやく対応できるのは、仕
込みを大切にしているからだという。何を
食べるか迷ったら、小オムライス、小ハヤ
シライス、クリームコロッケ、サラダがセッ
トになった「ハーフ＆ハーフ」1,570円を。
サラダにかけるドレッシングも評判で、お
持ち帰り用として購入もできる。

オーナー
川上廣喜さん

『レストラン自由軒』の4代目
オーナー。子どもの頃から店
の手伝いをしながら育てられ
た。75歳になった今でもキッ
チンで腕をふるう現役料理人。
そろそろ5代目に引き継ぐこ
とを見据えながらも、まだま
だ元気に活躍している

Map ▶ | D-3 | イタリアン ◀ Category

LA BETTOLA da Ochiai kanazawa

ラ ベットラ ダ オチアイ カナザワ

地魚やワタリガニなど8種もの魚介をトマトで煮込んだ濃厚カッチュッコ（コースの一品）。カリカリのパンとも合う。

巨匠・落合努の名店が金沢に
北陸食材とイタリア料理の融合

日本にイタリア料理を広めた立役者・落合努シェフが手がける『LA BETTOLA da Ochiai kanazawa』。キッチンで腕をふるうのは、長年、落合氏のもとで研鑽を積んだ吉田憲一郎シェフだ。金沢の新鮮

な海の幸、山の幸を惜しみなく使って、毎日でも食べたくなるような豪快イタリア料理を創作する。ディナー・ランチともに、パスタ・メイン料理を気分や好みに合わせて数種類から選べるプリフィクススタイル。パスタの選択肢だけでも「ウニ」「カラスミ」「手長海老」など、そそられるものばかり。北陸の食材とイタリア料理のコラボ

Data 📞076-222-0141 🏠金沢市香林坊2-1-1 香林坊東急スクエアG階
🕐11:30〜13:30(LO)、18:00〜20:00(LO)
💤月曜、火曜不定休 🚌北鉄路線バス「香林坊」より徒歩3分
🏠https://www.la-bettola-kanazawa.com

❶「ラ・ベットラ・ダ・オチアイ」の代名詞とも言える「新鮮なうにのスパゲティ」。たっぷりのウニを使い、濃密な旨みが広がる。❷にぎやかに過ごせるテーブル席は広々とした空間。❸ガラス張りのおしゃれな外観。❹気軽に楽しめるランチコースは5品5,000円〜。地元産食材で作る逸品が続々。

に会話が弾むこと間違いなしだ。料理と相性のよいイタリアンワインも北から南までバリエーション豊富に揃う。ワイン選びに迷ったら、料理長自ら料理に合ったものを選んでくれるので安心を。店内はゆっくり会話が楽しめる2人席や4人席を用意。気取らないイタリア料理を芳醇なワインと共に満喫しよう。

料理長
吉田憲一郎さん

石川県小松市出身。イタリア料理の先駆者・落合務シェフの下で長年修業。現在は金沢の店で料理長を務める。地元食材をふんだんに使い、レシピにも盛り付けにもこだわったイタリア料理をリーズナブルに提供してくれる。

Map ▶ | C-3 | イタリアン ◀ Category

Bottega di Takamazzo

ボッテガ ディ タカマッツオ

Data

☎ 076-225-8676
🏠 石川県金沢市片町2-32-10
🕐 12:00〜15:00(L.O.14:30)、
　 18:00〜22:00(L.O.21:00)
　 ※前日までの完全予約制
🈳 日曜、第2月曜、定休日翌日のランチタイム
🚌 北鉄路線バス
　 「片町(金劇パシオン前)」より徒歩5分
🏠 https://takamazzo.com/

❶ほとんどの客が注文する「トスカーナ風前菜の盛り合わせ」2,200円。一皿でワインが何杯も進みそう。❷イタリアの家庭を訪れたような温かみのある店内で、凄腕シェフによる本格イタリアンを堪能できる。❸2011年の開店以来、地元客を中心に根強い人気を誇る店。

イタリア料理の伝統と真髄を一皿一皿に盛り込む

　金沢のホテルやイタリアンのほか、東京・広尾にあるイタリア政府公認のレストラン「ラ・ビスボッチャ」で料理長を務めた経歴もあるシェフが営む。料理は流行や最先端を追ったオシャレな一皿ではな

く、あくまでイタリア料理の伝統にこだわるのがシェフのスタンス。シンプルかつ豪快で、本場イタリア人も納得と評判だ。ランチは2種類のコース、夜は炭火焼きをメインに地元食材を使ったフリットや煮込み料理などのアラカルトがそろう。北イタリアを中心とした各地の郷土料理を、ワイン片手に賑やかに楽しみたい。

Map ▶	C-4	イタリアン ◀ Category

Ristorante SUGIYAMA

リストランテ スギヤマ

Data

☎076-225-3080
🏠石川県金沢市野町1-2-43
　安藤芳園堂ビル2F
🕐11:30〜、12:30〜の2部制
　18:00〜、19:30〜の2部制※要予約
📅月曜(祝日の場合は翌日)、月2回不定休あり
🚌城下まち金沢周遊バス左回りルート
　「広小路」より徒歩1分
🏠https://ristorante-sugiyama.com/

❶石川県白山市で栽培される「でけえなめこ」を使った本日のパスタ。❷器にも見た目にもこだわった芸術的な前菜の一例。コースはランチ3,080円〜。ディナー8,800円〜。❸ビルの2階にあるスタイリッシュな店内。❹金沢生まれのオーナーシェフ、杉山裕太郎氏。

金沢の多彩な食材を盛り込んだ
シェフ渾身のモダンイタリアン

　イタリアンというジャンルにとらわれず、意外な食材や組合わせを駆使した独創的な料理をコースで提供。地元の農家から入手した野菜、自家栽培のハーブ、目利きが厳選した旬の魚介類など、使う食材は金沢の恵みが中心。中にはビッグサイズのなめこなど、イタリアンのイメージからかけ離れた珍しい食材もあり、それらがシェフ独特の感性で斬新な一皿になる。料理は基本的な構成はそのままに、時期により使う食材が変わるので、訪れる度に新しい味わいに出合えるのも醍醐味。金沢在住の食通からも評判が高い実力店だ。

☑Group ☑One Person ☑Family ☑Business ☐Takeout

Map ▶ E-2 │ フレンチ ◀ Category

東山 ロベールデュマ
ひがしやま ロベールデュマ

心地良いサービスと空間の中でフレンチを気取らず楽しむ

Data
☎076-254-0909
🏠石川県金沢市東山1-13-9
🕐11:30〜14:30(L.O.13:30)、
　17:30〜21:30(L.O.20:30)
🈺月曜
🚌金沢周遊バス「橋場町(交番前)」より徒歩5分
🏠https://robertdumas.jp/
💴ランチ3,900円〜、ディナー8,500円〜

☑Group ☑One Person ☑Family ☑Business ☐Takeout

Map ▶ F-2 │ ステーキ店 ◀ Category

樹林厨房 金沢 六角堂
じゅりんちゅうぼう かなざわ ろっかくどう

極上の能登牛サーロインが味わえる老舗ステーキ専門店

Data
☎076-252-5115
🏠石川県金沢市観音町3-4-42
🕐11:00〜15:00(最終入店14:00)、
　17:00〜22:00(最終入店20:30)
🈺無休(不定休あり)
🚌金沢周遊バス「天神橋」より徒歩5分
🏠https://www.asadaya.co.jp/
　rokkakudou/
💴ランチ2,750円〜、ディナー6,050円〜

☑Group ☑One Person ☑Family ☑Business ☑Takeout

Map ▶ D-3 │ 中国料理 ◀ Category

全開口笑
ぜんかいこうしょう

新広東料理をベースに独自アレンジで展開する本格中華

Data
☎076-222-4262
🏠石川県金沢市柿木畠5-7
🕐11:30〜14:00 (L.O.)、
　18:00〜21:30 (L.O.)
🈺月曜
🚌北鉄路線バス「香林坊」より徒歩3分
🏠https://zenkai.jp/
💴全笑餃子(5個)660円、麻婆豆腐1,540円、
　レタスチャーハン1,650円

☑Group ☑One Person ☑Family ☑Business ☑Takeout

Map ▶ C-3 │ 洋食 ◀ Category

グリルオーツカ
ぐりるおーつか

金沢のご当地グルメ「ハントンライス」を手掛ける洋食店

Data
☎076-221-2646
🏠石川県金沢市片町2-9-15
🕐11:00〜15:30 (L.O.15:15)、
　17:00〜20:30 (L.O.19:50)
🈺水曜(その他月に1回木曜休み)
🚌北鉄路線バス「香林坊」より徒歩3分
🏠https://www.instagram.com/
　grill_otsuka/
💴ハントンライス1,100円〜

居酒屋・おでん・バーの名店

片町などの繁華街を中心に賑わう金沢の夜は、やはりこじんまりとした店が人気。
カウンターで肩寄せあいながらおでんを頬張り、バーテンダーの所作を眺めカクテルを傾ける。
地元の人と一緒に会話と美酒を楽しめば、土地の魅力をさらに深く知ることができるはず。

菊一
きくいち

くるま麩250円、ふかし250円、三色生麩400円、バイ貝450円など金沢おでんならではの具材が並ぶ。

昭和の情緒を感じる
90年続く金沢おでんの名店

　昭和9(1934)年創業の『菊一』は金沢を代表する老舗のおでん店。昭和にタイムリープしたかのような風情ある店内では、3代目店主の宮崎美恵子さんと2人の娘が店を切り盛りする。地元常連客も旅行客も分け隔てなく接してくれて居心地がよく、創業時から継ぎ足して使う醤油ベースの鰹昆布出汁は、懐かしい味だ。

　大根、玉子、ちくわといった定番具材の他に、出汁をたっぷり吸った「くるま麩」、加賀野菜が練り込まれた「ふかし(はんぺん)」、貝の旨みがしっかり引き出された「バイ貝」など、他エリアであまり見かけな

Data 　☎076-221-4676　⌂金沢市片町2-1-23
🕐17:30〜22:30
休火曜・水曜　🚌北鉄路線バス「香林坊」より徒歩3分
Ｈなし

❶母娘の3人が店を営む。アットホームな雰囲気で落ち着ける。❷❸名物のどて焼き2本580円。てんこ盛りの白味噌が溶け出し、豚ロースにしっかり甘みが染み込んでいる。❹創業時の『菊一』など、90年にわたる店の変遷が伝わる写真が壁に飾られている。❺レトロな「おでん」の暖簾が目印。

い変わり種も豊富。また『菊一』は金沢名物「かに面」発祥の店として知られる。カニの身やカニ味噌、内子を甲羅につめて出汁で煮たもので、香箱蟹の解禁時期のみ登場する。おでん以外では、豚の旨みと白味噌の甘みがマッチした「どて焼き」が人気。これには熱燗が欠かせない。シメは出汁で炊いた「茶飯」を。

店主
宮崎美恵子さん

2代目店主だった夫の意志を継ぎ、『菊一』3代目店主に。2人の娘とともに店頭に立ち、先代から引き継いだ金沢おでんの味と伝統を守っている。美恵子さんの温かい人柄に魅せられて『菊一』に通うリピーターも多いとのこと

89

| Map ▶ | D-3 | 居酒屋 | ◀ Category |

おでん高砂
おでんたかさご

金沢おでんの定番「バイ貝」や、大きながんもどき「金沢ひろず」などが味わえる盛り合わせ2,500円～。

創業昭和11（1936）年の老舗
唯一無二の金沢おでんに舌鼓

　金沢おでんといえば、春夏秋冬どの季節に食べても美味しいことで知られている。寒い時期に限らず、その季節ごとにとれる旬の加賀野菜や海の幸など、金沢にゆかりのある具を使用しているからだ。中でも『高砂』は、季節ごとの限定メニューが揃い、いつ訪れても金沢らしいおでんが食べられる。また、豚肉と白味噌の旨味がマッチしただて焼きやカレーおでんなど、一風変わったメニューがあることも人気のひとつ。ここでしか味わえないおでんを楽しめる。

　出汁は、金沢では珍しい関東風の濃い

Data 　☎076-231-1018 　🏠石川県金沢市片町1-3-29
🕙16:00～21:00※おでんダネがなくなり次第終了
🈺日曜・祝日・GW・年末年始 　🚃北鉄路線バス「香林坊」より徒歩3分
🅷http://oden-takasago.com

❶昔ながらの雰囲気が漂う店内。一枚板のカウンターは誰もが狙う人気席。❷魚のすり身をふかした金沢の伝統食「ふかし」。やわらかい食感で出汁がじわりと溢れ出す。❸人気のサイドメニュー「カレーおでん」900円。❹平日でも行列ができるほど。早めの時間に訪れるのがおすすめ。

味。先代の味わいを守るため、80年余り継ぎ足しながら大切に使い続けている。その変わらぬ味は、昔からの常連客が安心して通える歴史を感じる味わいだ。濃い出汁がよくしみたタネに、辛子ではなく、こってりとした甘みのある生姜味噌をつけて食べるのが高砂流。常連客と肩を並べながら、味わってみては。

三代目大将
青木幹夫さん

二代目大将の娘さんと結婚し『高砂』へ。厳しい二代目から教えを受け、1997年に三代目大将に就任。先代の教えと味を守り、愚直におでんと向き合ってきたそう。現在は、四代目となる息子さんとともに店を盛り上げている。

Map ▶	**D-3**		バー	◀ Category

BAR SPOON

バー スプーン

複数のボトルの背景がなんとも似合うマスター。熟練の技術でカクテルを作り上げる。

至極の一杯がいただける
魅惑のオーセンティックバー

　金沢の繁華街・片町。スクランブル交差点から少し中へ入ったところにある、オーセンティックバー『BAR SPOON』。マスターの細田良幸氏は、当初洋食の道を志していた。しかし、札幌・すすきのの名店『BAR やまざき』の店主に出会い、そこで7年修業。その後、バーテンダーを"見られる仕事から魅せる仕事へ"との思いを胸に、出身地である金沢にて1987年に開業した。多数の世界大会入賞歴を誇る確かな腕前とセンスで、ここでしか味わえないカクテルを作り続け、今では金沢屈指の名門バーとして知られるように。優れた

Data	☎076-262-5514　🏠石川県金沢市片町1-5-8 シャトウビル1F
	🕐17:00〜翌1:00(L.O.24:00)
	㊡月曜　🚌北鉄路線バス「片町(金劇パシオン前)」より徒歩2分
	㊗なし　※店内はカウンター席のみなので大人数の対応不可

❶2001年インターナショナル・バーテンダーズ・コンペティション・ジャパン・カップで味覚部門第2位を受賞した、細田氏考案カクテル「さくら・さくら」。❷席はカウンターのみ。席・チャーム・チャージ料1,500円。❸シェイカーとバースプーンを組み合わせたシンプルな看板。

若手バーテンダーを世に送り出すなど、後進育成のスキルも光る。

　メニューはなく、お客の要望を聞いてシェイカーを振る細田氏。その日の気分や飲みたい味を伝えれば、バックバーに並んだ数えきれないほどのボトルの中から作ってくれる。それはきっと、金沢の旅を彩る至極の一杯になるに違いない。

マスター
細田良幸さん

数々のコンテストで受賞歴を誇る真のバーテンダー。スタンダードなカクテルはもちろん、日本酒ベースなど創作カクテルを得意とする。柔和な人柄でホスピタリティーに溢れ、"一見さん"や女性1人でも笑顔で対応してくれる。

Map ▶ **E-2** │ レストランバー ◀ Category

ORIENTAL BREWING
東山店

オリエンタルブルーイング　ひがしやまてん

シトラ、湯涌ゆずエールなど、4種類のオリジナルビールを飲み比べできる「フライトセット」1,320円。

金沢唯一のブルーパブ
できたてビールで最高の乾杯を

　自社醸造のクラフトビールと、焼きたてのナポリピザがいただけるブルーパブ。ブルーパブとは、醸造所が併設されているビールパブのことで、醸造所で造られたオリジナルビールを鮮度抜群の状態で提供する、ビール好きにはたまらない贅沢な店舗だ。金沢では唯一のブルーパブとあり、ビール愛飲家が夜な夜な最高の一杯を楽しんでいる。

　カウンターにはビールタップが並び、常時6〜8種類のローカルでユニークなオリジナルビールを楽しむことができる。メニューに迷ったり初めてであれば、4種類の

Data   ☎076-255-6378   🏠石川県金沢市東山3-2-22
🕐11:00〜22:00(L.O.)
🈳なし   🚌北鉄路線バス「橋場町(主計町・ひがし茶屋街)」より徒歩1分
🏠http://www.orientalbrewing.com

❶ゆずが華やかに香る「湯涌ゆずエール」や、麦とお茶の香ばしさが際立つ「加賀棒茶スタウト」など、金沢ならではの素材が光る。❷醤油の街・大野で作られた醤油で仕込んだ「大野醤油の鶏唐揚げ」。❸老舗製氷業『クラモト氷業』の本店をリノベーション。趣があり金沢の街並みにマッチ。

ビールを飲み比べできる「フライトセット」がおすすめだ。それぞれの味わいや香りの違いを感じながら、自分好みの一杯を見つけてみては。手土産には、6種類のオリジナルビールが入った瓶ビールのセットをぜひ。香林坊店、金沢駅店、Bistro Orientalでもフレッシュなビールを楽しむことができる。

店長
千田啓太さん

醸造工程や原材料などビールのいろはを学んだのち、東山店の店長に抜擢。「新鮮なオリジナルビールを提供しています。焼きたてのピザとぜひどうぞ。店内では、醸造施設をガラス越しに見学していただくことができますよ」。

いたる 本店
いたる ほんてん

桶いっぱいに盛られた甘エビやマグロ、生タコなどはとにかく新鮮。日本海お刺し身の桶盛り2人前2,970円。

金沢一の居酒屋との呼び声高い
新鮮魚介＋職人技の創作料理

　金沢に来たなら絶対に行きたい、と全国からファンが集まる人気店。その人気ぶりから、金沢一の居酒屋との呼び声が高い。そのワケは、新湊や宇出津、金沢の漁港から毎日直送される新鮮な魚を使用した鮮度抜群の魚介料理や、旬の加賀野菜をふんだんに使った料理を食べることができるから。でも、ただそれだけではない。「鮮度に頼らず、ひと工夫加えることで素材の良さを引き出す」という大将の考えから作られる、ほかにはない創作料理が味わえるというのが本当の理由だろう。修業時代に教わった姿勢を忘れず、料理一

Data	☎076-221-4194　🏠石川県金沢市柿木畠3-8
	🕐17:30〜23:00(L.O.22:30)
	🈲日曜(日曜・祝日連休の場合は月曜)　🚌北鉄路線バス「香林坊」より徒歩4分
	🏠http://www.itaru.ne.jp/index.htm

❶大将らの手仕事を見ることができるカウンター席。❷ふっくらとしただし巻き玉子の中にはたっぷりの明太子が。❸甘海老と魚のすり身をバゲットでサンドした「甘海老のパリのっけ」880円。❹鴨肉と甘い出汁を含んだすだれ麩で体が温まる治部煮。❺行列必至のため事前予約を。

筋に打ち込んできたからこそ生まれるメニューの数々。その代表的な品として挙げられるのが、生の香箱蟹を日本酒ベースの調味料に2週間漬け込んだ「酔っ払い蟹」。香箱蟹の解禁を待って仕込まれる料理で、深みのある芳醇な味わいが口中に広がる、冬にしか味わえない珍味だ。これを食べずに金沢の旅は終われない。

大将
石黒格さん

本店を拠点に『いたる 香林坊店』『のど黒めし本舗いたる』をまとめる。日々料理と真剣に向き合う姿勢で若き頃から異彩を放ち、今や金沢の飲食業界に君臨するカリスマ的存在。座右の銘は「襟を正して肩を張らず」。

| Map ▶ | D-3 | 居酒屋 | ◀ Category |

あまつぼ 柿木畠本店

あまつぼ かきのきばたほんてん

造りや塩焼きなど、のど黒を目当てに訪れる客が多い。金沢おでんは冬季限定の蟹面が人気。

地元の厳選食材を使用した
金沢の"じわもん"と芳ばしい旨酒

常に厳しい目で選んだ地元の食材を使用することと、旨味を引き立てる石川県の地酒を用意することにこだわり続けた、加賀伝統料理屋。金沢に店を構えて半世紀が経つ。

食材は金沢の台所・近江町市場から鮮度の高いまま直送。尾頭つきの造りや焼き物、揚げ物などでいただける。料理の味をさらに引き立ててくれるのが、石川県の地酒をメインとした日本酒。吟醸酒や純米酒、生酒などが幅広く揃い、料理や好みに合わせて選べるのが楽しい。

地元民からも観光客からも「また行きた

Data　☎076-221-8491　🏠石川県金沢市柿木畠4-7
⏰17:00〜22:00(L.O.21:30)
🈺日曜　🚃北鉄路線バス「香林坊」より徒歩5分
🏠https://amatsubo.com

❶金沢の郷土料理・治部煮にはすだれ麩や小芋、椎茸などが入る。旬の鮮魚の造りも外せないメニュー。❷1階はすべて掘りごたつ席。カウンター席からは料理人の手際の良い仕事を見ることができる。❸2・3階は団体客用の各種宴会席。広々とした空間で加賀料理と地酒を楽しめる。

い」との声が上がる秘密は、その丁寧な仕事ぶりにある。例えば治部煮は、小芋やすだれ麩などの材料を種類別に割り出汁で炊き上げ、一度冷やした後に一人前ずつ小鍋で再度炊いて合鴨を入れ、溶き小麦粉で仕上げている。手間をかけた本物のじわもん（＝地元料理）を味わえば、きっとまた訪れたいと思うだろう。

Close up

石川県を代表する日本酒「天狗舞」

酒造好適米の産地である石川県には、有名な日本酒が多数存在する。なかでも「天狗舞」は、山廃仕込みの代名詞とも呼ばれる銘酒。ほのかな甘み、心地よい酸味と旨味が調和した、深みのある味わいが特徴。『あまつぼ』でも人気だ。

| Map ▶ | D-2 | 居酒屋 | ◀Category |

Data
☎050-3163-9210
🏠石川県金沢市尾張町2-6-57
🕐17:00〜23:00(L.O.22:30)
㊡月曜
🚍金沢ふらっとバス(此花ルート)
　「近江町市場・市姫神社」より徒歩3分
🏠https://fu-wa-ri.jp/fuwari

風和利
ふわり

❶近江町市場や中央市場から仕入れる鮮度抜群の刺身をはじめ、季節の一品が揃うコース4,000円〜。❷数種類の肉と野菜を炭火で焼き上げた「炭焼きの盛り合わせ」1,800円。❸国産うなぎはふっくら蒸してから焼き上げる。❹目印は提灯。外国人観光客からの人気も高い。

アットホームな隠れ家で食す
炭火焼き料理とこだわりの海鮮

　町家造りの古民家を改装した、風情あふれる店構えの居酒屋。オープンキッチンによるライブ感溢れる店内では、2種類の備長炭で香ばしく焼き上げる炭火焼き料理や、近海で獲れた新鮮な魚介類を使った一品料理などがいただける。フレッシュな魚を使用したふわふわ食感の「自慢の押し寿司」1,200円と、クリーミーな食感の「王様のコロッケ」700円は、常連客からも根強い人気だ。目の前で調理が繰り広げられるカウンター席をはじめ、テーブル席や半個室も完備し、多彩なシーンで利用できるのが嬉しい。

| Map ▶ | D-3 | | バー | ◀ Category |

Data

☎ 050-5493-0615
🏠 石川県金沢市片町1-12-8 戸田ビル
🕐 17:30〜24:00、金土17:30〜翌1:00
休 不定休
🚌 北鉄路線バス「片町(金劇パシオン前)」より徒歩3分
🏠 https://r015501.gorp.jp/

倫敦屋酒場
ろんどんやばー

❶壁には、希少なシングルモルトウイスキーや洋酒など数千本のコレクションがずらりと並ぶ。まさに「洋酒博物館」だ。❷「シングルカスクウイスキー」¥2,500をはじめ、9種揃うシングルバレルウイスキー。❸金沢の繁華街に佇む、全国的にも知られる洋酒バー。

熟成ウイスキーの奥深さに酔う
半世紀の歴史ある老舗洋酒バー

昭和44(1969)年の創業以来、愛酒家と共に店を磨き上げてきた、品格ある正統なバー。その中には、作家・山口瞳氏をはじめ文化人や経済人もいたという。クラシカルで重厚感あふれる店内で味わえるのは、9樽並ぶシングルバレルウイスキーや種類豊富なシングルモルトウイスキー、オリジナルカクテルなど。特にシングルモルトは、それぞれの蒸留所の個性が出るのも面白く、熟成したウイスキーの奥深さが感じられる。昭和29(1954)年から続くボトルコレクションに囲まれ、歴史を感じながら飲み比べてはいかがだろうか。

Map ▶	D-3	バー	◀ Category

Bar 杉㐂
バー すぎき

Data

☎076-263-1182
🏠石川県金沢市片町1-10-17
　小鍛冶ビル 1F
🕐19:00〜翌1:00(L.O.)
🈲日曜・月曜
🚌北鉄路線バス「片町(金劇パシオン前)」
　より徒歩2分
Ｈhttps://www.instagram.com/
　bar_sugiki/

❶手前から／清涼感のある「梨とカ
ボスのカクテル」1,200円、人気No.1
の瑞々しくすっきりとした「スイカの
ソルティードッグ」1,200円〜、スム
ージーのように濃厚な「メロンのカク
テル」1,200円〜。❷ウイスキーや
スピリッツに造詣の深い油氏。バー
テンダーと語らうのも一興だ。

旬のフルーツをカクテルで
気負わず嗜める、美酒の数々

　平成30 (2018) 年にバーテンダーの油
均氏がオープン。趣向を凝らしたバーが
多く点在する金沢片町では新参の部類と
いえるが、すでに愛酒家には名の知れた
店だ。約50年続いた老舗バーの内装を引

き継ぐノスタルジックな店内で嗜めるの
は、ウイスキーを中心に、クラフトジン、プ
レミアムテキーラなど約200種類のアル
コール。10種類ほど用意するフルーツカ
クテルも人気で、こちらはノンアルコール
での提供も可能だ。「初めてのお客様にも
楽しんでいただけるメニューと雰囲気づ
くりを心がけています」と油氏は語る。

☑Group ☑One Person ☑Family ☑Business ☑Takeout

| Map ▶ | C-3 | おでん | ◀ Category |

赤玉本店
あかだまほんてん

昭和2(1927)年より代々伝承する金沢おでんの代表店

Data
- ☎076-223-3330
- 🏠石川県金沢市片町2-21-2
- 🕐12:00〜22:00 (L.O.21:30)、日曜・祝日12:00 〜21:00 (L.O.20:30) ※2Fの営業時間は異なる、冬季および土曜・日曜・祝日は15:00〜16:00休業
- 🈑月曜(祝日の場合は翌日休)
- 🚃北鉄路線バス「片町(金劇パシオン前)」より徒歩1分
- 🅷https://www.oden-akadama.com/
- 🆈宴会プラン3,800円〜

☑Group ☑One Person ☑Family ☑Business ☑Takeout

| Map ▶ | C-1 | おでん | ◀ Category |

季節料理・おでん
黒百合
きせつりょうり・おでん くろゆり

"金沢の玄関"で味わう金沢おでんと旬を感じる逸品料理

Data
- ☎076-260-3722
- 🏠石川県金沢市木ノ新保町1-1 金沢百番街「あんと」内
- 🕐11:00〜21:30(L.O.21:00)
- 🈑無休
- 🚃金沢駅直結
- 🅷https://www.oden-kuroyuri.com/
- 🆈ランチメニュー980円

☑Group ☑One Person ☑Family ☑Business □Takeout

| Map ▶ | C-1 | 日本酒居酒屋 | ◀ Category |

神鮮 和さび
しんせん わさび

地元の旬の素材にこだわった最高の料理と日本酒を

Data
- ☎076-260-1181
- 🏠石川県金沢市本町2-5-9
- 🕐17:30〜22:30(L.O.22:00)
- 🈑日曜(祝前日は営業、翌月曜は休み)
- 🚃金沢駅より徒歩6分
- 🅷https://www.shinsen-wasabi.jp/
- 🆈ディナー6,000円〜

☑Group ☑One Person ☑Family □Business □Takeout

| Map ▶ | C-2 | 居酒屋 | ◀ Category |

町屋ダイニング あぐり
まちやだいにんぐ あぐり

鮮度抜群の魚介類や地元野菜を使った料理を金澤町家で

Data
- ☎076-255-0770
- 🏠石川県金沢市長町1-6-11
- 🕐11:30〜15:00(L.O.14:00)、18:00〜24:00 (L.O.23:00)、土曜・日曜18:00〜24:00(L.O.23:00) 🈑月曜
- 🚃北鉄路線バス「南町・尾山神社」より徒歩6分
- 🅷https://www.machiya-aguri.jp/
- 🆈土鍋ごはん2,420円、旬野菜の白味噌バーニャカウダ1,155円

☑Group ☑One Person ☑Family ☑Business ☐Takeout

Map ▶ | D-1 | 居酒屋 | Category

酒粋醍醐 金沢店
しゅすいだいご かなざわてん

店主が厳選した全国の地酒と希少酒が味わえる居酒屋

Data　☎076-256-0028
　　　🏠石川県金沢市安江町19-4
　　　🕐15:00〜24:00(L.O.23:00)
　　　🈺日曜
　　　🚉金沢駅より徒歩5分
　　　🏠https://syusuidaigo.com/

☑Group ☑One Person ☑Family ☐Business ☑Takeout

Map ▶ | C-3 | 小料理バー | Category

季節のおばんざい
中にし
きせつのおばんざい なかにし

"身体とふところに優しいお店"がコンセプトのおばんざい屋

Data　☎090-1392-5574
　　　🏠石川県金沢市片町2-23-6
　　　とおりゃんせKANAZAWA
　　　🕐17:30〜23:00(L.O.) 　🈺不定休
　　　🚉北鉄路線バス「片町(金劇パシオン前)」より
　　　　徒歩5分
　　　🅿なし
　　　🍴豚足焼き1,000円、ナポリタン900円
　　　　※店内はカウンター席のみ

☑Group ☑One Person ☑Family ☑Business ☑Takeout

Map ▶ | C-1 | 居酒屋 | Category

底引き割烹 もんぜん
そこびきかっぽう もんぜん

能登の新鮮な食材と風土に根付いた逸品料理でおもてなし

Data　☎076-224-2201
　　　🏠石川県金沢市昭和町6-8
　　　　金沢シティホテル1F
　　　🕐11:30〜14:30(L.O.14:00)、
　　　　17:30〜22:00(L.O.21:30)
　　　🈺日曜(月曜が祝日の場合は月曜休)
　　　🚉金沢駅より徒歩8分
　　　🏠https://monzen-noto.com/monzen/
　　　🍴名物もんぜん盛り(7種盛り)3,800円

☑Group ☑One Person ☐Family ☐Business ☐Takeout

Map ▶ | D-2 | 日本酒バー | Category

日本酒バル
金澤酒趣
にほんしゅバル かなざわしゅしゅ

店主が厳選した約100種類の日本酒を楽しめる

Data　☎076-225-7339
　　　🏠石川県金沢市尾山町5-10
　　　🕐18:00〜23:00(L.O.)
　　　🈺火・水曜
　　　🚉北鉄路線バス「武蔵ヶ辻・近江町市場
　　　　(いちば館前)」より徒歩2分
　　　🏠https://www.facebook.com/kanazawa.sake
　　　🍴単品料理700円〜※盛り合わせもあり
　　　　※店内はカウンター席のみ

☑Group ☑One Person □Family ☑Business ☑Takeout

Map ▶ D-4 | バー ◀ Category

漱流
そうりゅう

旬のフルーツカクテルや約40種あるウイスキーが魅力のバー

Data
- ☎076-261-9212
- 🏠石川県金沢市堅町12-2
- 🕐18:00〜翌3:00(L.O.)、
  日曜・祝日18:00〜翌2:00(L.O.)
- 🈺不定休
- 🚌北鉄路線バス「片町(金劇パシオン前)」より
  徒歩7分
- 🏠https://souryu.gorp.jp/
- 💴カクテル900円〜、グラスワイン1,000円〜

☑Group ☑One Person □Family ☑Business □Takeout

Map ▶ E-2 | ワインバー ◀ Category

照葉
てりは

芸妓を極めた女将が営む純和風な造りのワインバー

Data
- ☎076-253-3791
- 🏠石川県金沢市東山1-24-7
- 🕐19:00〜23:00(L.O.)
- 🈺日曜、祝日
- 🚌金沢周遊バス「橋場町(交番前)」より徒歩4分
- 🅷なし
- 💴ディナー5,000円〜

☑Group ☑One Person □Family ☑Business □Takeout

Map ▶ C-3 | バー ◀ Category

Comptoir
コントワール

自家製ピザなど酒のつまみも充実するオーセンティックバー

Data
- ☎076-263-2510
- 🏠石川県金沢市片町2-22-17 幸楽ビル1F
- 🕐19:00〜翌3:00(L.O.)
- 🈺日曜
- 🚌北鉄路線バス「片町(金劇パシオン前)」より
  徒歩1分
- 🏠https://bar-5492.business.site/
- 💴カクテル各種1,000円〜

☑Group ☑One Person □Family ☑Business □Takeout

Map ▶ C-4 | ワインバー ◀ Category

Bar にし数登美
ばー にしかずとみ

にし茶屋街で庭を眺めながらワインを楽しむ大人な空間

Data
- ☎076-280-1103
- 🏠石川県金沢市野町2-26-2
- 🕐19:00〜23:00(L.O.)
- 🈺日曜、祝日
- 🚌金沢ふらっとバス(材木ルート)
  「にし茶屋街」より徒歩1分
- 🏠https://www.winebar-kazutomi.com/
- 💴ワイン800円〜、チーズ盛り合わせ2,000円

金沢 "いいじ" 朝ごはん案内

せっかく金沢を訪れたなら、朝ごはんもこだわりの一品に。
特別な朝メニューを用意する店やその道を追求する専門店の味で
一日を心地よくのスタートし、幸せな朝のひとときを

① Boulangerie et Bistro ひらみぱん Map▶C-2

蔦茂る古民家の扉を開けると、石川食材を使ったパンが並び、さらに奥にはアンティークな家具やインテリアに囲まれたダイニングが。朝食はザクっとした食感と香ばしさが食欲をそそるクロックマダムや具材たっぷりのキッシュなど3種。開店前から行列ができる人気店だ。

② 四知堂kanazawa Map▶E-2

台湾の朝の賑わいと朝食文化を金沢でもと、台湾粥、豆花など、一年中温かい屋台料理を楽しめる台湾料理店。単品で気軽に楽しめる屋台席のほか、レストラン席では体に優しい豆乳のスープ、鹹豆漿など2種の朝食セットも提供。医食同源の台湾の食文化を体験できる。

クロックマダムの
モーニングセット1,584円

自家製酵母で焼き上げたパンも。カンパーニュやデニッシュ、スコーンなど種類豊富

Data
☎ 076-221-7831
🏠 石川県金沢市長町1-6-11
営 モーニング8:00〜10:30(LO)、
　　ランチ12:00〜15:30(LO)
　　※パンの販売は8:00〜18:00
休 月曜、不定休あり
交 北鉄路線バス
　　「南町・尾山神社」より徒歩6分
H https://hiramipan.co.jp/

鹹豆漿セット 2,200円

店は老舗の油問屋をリノベーションしたもの。屋台席とレストラン席がある

Data
☎ 076-254-5505
🏠 石川県金沢市尾張町2-11-24
営 9:00〜15:00、土・日・祝日8:00〜16:00
　　※夕食営業は木・金・土・日の18:00〜22:30
休 水曜　交 北鉄バス「尾張町」より徒歩2分
H https://www.tua-kanazawa.jp/

③ 山里の咲 Map▶E-2

伝統製法による珠洲の揚げ浜塩とふっくらと炊き上げた能登の米を使ったおにぎり専門店。塩にぎりのほか、へしこマヨ、能登牛すき焼きなど贅沢な具材も。輪島塗の椀で提供する焼きおにぎりの出汁茶漬けなど、能登への愛に溢れるメニューでその魅力を発信する。※内容は変更になる場合あり

特選 能登にぎり
セット 980円

数寄屋造りの金澤町家をモダンに改装。2Fでは数量限定の昼餉(要予約)が楽しめる
※DATAはP63参照

和洋菓子・カフェの名店

前田利家が千利休の直弟子だったことから、茶の湯の街として発展した金沢。
何百年という歴史のある菓子店も多く、和菓子が身近な土地。甘い物好きが多く、統計調査でも
石川県は何度も菓子の消費量全国1位に。和洋問わず菓子店のクオリティーが高いのだ。

| Map ▶ | E-2 | 和菓子 | ◀ Category |

加賀藩御用菓子司 森八

かがはんごようかしつかさ もりはち

製法・原料を守り続けてきた伝統名菓「長生殿」。徳島の阿波和三盆糖と北陸産のもち米粉を使用。

幾多の試練を乗り越え暖簾を守り
大藩加賀の歴史と歩み続ける

　森八家始祖の胴丸に描かれた紋章 "龍玉" を商標にして390年。最初は屋号を『森下屋』として一筋に菓子を作り続けた。そして3代目の頃、加賀藩の藩主であった前田利常の創意により、小堀遠州の筆になる「長生殿」の三字を原型とした、今もなお愛される名菓が誕生する。その製法や原料は今も変わらない。

　『森八』へ改称したのは明治2（1869）年。その後第2次世界大戦の勃発時には、休業せざるを得なかったのはもちろんのこと、16代目も戦死という状況に陥ってしまう。それでも昭和24（1949）年に商いを再

108

Data ☎076-262-6251　🏠金沢市大手町10-15
🕘9:00〜18:00　茶寮は〜17:00
🈳1月1日、2日　🚌北鉄路線バス「橋場町（主計町・ひがし茶屋街）」より徒歩5分
🅷https://www.morihachi.co.jp/

❶2階にある『金沢菓子木型美術館』には、江戸時代の菓子木型をはじめ、焼印や渋紙などの製菓道具、菓子器などが飾られている。❷2011年に新築移転。茶寮で休憩できるほか、落雁手作り体験ができる（要予約）。❸季節の上生菓子とお抹茶のセット950円。

開。現在の女将曰くその後も経営の危機はあったというが、"日本文化の誇りを守れ"という激励の言葉や客の笑顔を糧に立ち直ってきた。そして暖簾を守り抜いたからこそ、今日も多くの人が足を運ぶ名店となったのだ。『森八』の繊細な和菓子、その奥にある歴史が紡いできた温かさをゆっくりと味わってみてほしい。

若女将
中宮千里さん

デザイン職を経て和菓子の道へ進んだ19代目若女将。和菓子職人として精進を重ね、和菓子界の勲章「選・和菓子職」の"優秀和菓子職"と"伝統和菓子職"で日本唯一のW認定を果たす。国内外での実演・講演会も多数行う。

Map ▶	C-4	和菓子	◀ Category

落雁 諸江屋 西茶屋菓寮

らくがん もろえや にしちゃやかりょう

しっとりとした抹茶の生落雁を石臼型に成形し、粒餡を挟んだ「濃茶落雁」。6個入り713円。

彩り鮮やかな金沢の文化を
加賀銘菓として未来に伝える

　加賀藩下級武士の身分を離れ、菓子職人として修行をしたことから始まった『諸江屋』。初代が、故郷であった金沢の野町にて嘉永2(1849)年に創業し170年あまり。日清・日露戦争や太平洋戦争が起こ

る中でも知恵を絞りながら落雁を作り続け、創業時の製法と味を守り抜いてきた。

　そんな歴史ある落雁には肥沃な土地が生んだ加賀餅米、四国の和三盆糖を使用。その代々伝わる絶妙な調和はもちろんのこと、そば茶や加賀野菜などを取り入れているのも特徴のひとつ。心と身体が満足できる菓子、自然で優しい菓子を目指して

Data	☎076-244-2424　🏠金沢市野町2-26-1

🕐10:00〜17:00※茶寮はL.O.16:30
🈳火曜（祝日の場合は翌日）、12月30〜1月3日（茶寮は12月の最終日曜までの営業）
🚃金沢ふらっとバス（材木ルート）「にし茶屋街」より徒歩1分　Ｈhttps://moroeya.co.jp/

❶優しい味にどこか懐かしさを感じる「能登大納言ぜんざい」。餅は客が七輪で焼くスタイルなのも楽しい。❷大事に使われ続けてきた木型に歴史を感じる。❸一粒ずつ和紙で包まれた和三盆製「花うさぎ」。可愛らしい梅型で、15粒入り540円から購入できる。

いるそうで、大切な人への贈り物にもぴったりだ。

また併設されている茶寮『味和以（あじわい）』でも、シンプルながら心身に染みわたる甘味がいただける。10〜5月はぜんざいなどの冬メニュー、6〜9月はかき氷などの夏メニュー。日々頑張る自分へのご褒美にもぜひ。

取締役社長
諸江隆さん

人は変われども、和菓子の良さは変わらないと信じて日々精進。"笑顔になってもらえる菓子"を作ることに努め、七代目として『諸江屋』を担う。「『諸江屋』代々の技と、金沢の歴史や風を感じていただけたら幸いです」

| Map ▶ | E-2 | 和菓子 | ◀ Category |

越山甘清堂 本店
こしやまかんせいどう ほんてん

創作餡をしっとりとした焼き皮で包んだ「金城巻」。兜に見たてた形で、金沢城と水の物語が題材。

昔ながらの味を守りつつ
時代に沿った"小豆菓子"を創作

金沢最古の商店街がある尾張町に店を構えている『越山甘清堂 本店』。戦前は主に甘納豆の製造と販売をし、戦後は時代の変化に合わせて饅頭や餅などの生菓子を製造してきた。

和菓子店としては創業135年を迎え、現在は本店を含め市内に7店舗、サテライト店を1店展開。金沢の文化風習を大切にした従来のお菓子をはじめ、地元の素材や洋素材を取り入れた創作菓子にも力を入れるなど、新旧交えたラインアップが魅力だ。

また、店隣にある江戸時代の町屋を改

Data　☎076-255-6610　※カフェは076-255-1578
　　　🏠金沢市尾張町2-11-28　※カフェは本店隣
　　　🕘9:00〜17:30※カフェは10:30〜18:00(L.O.17:30)　🈑水曜
　　　🚌北鉄路線バス「尾張町」より徒歩2分　🄷https://www.koshiyamakanseido.jp/

❶二段のお重に美味しさと幸せを詰めた「珠手箱」。和菓子は季節によって変わる。❷『cafe甘』ではパフェやあんみつ、ラテなどがいただける。❸可愛い竹かごに入った「加賀れんこん餅」は、のど越しにれんこんを感じる珍しい羽二重餅。6個入り1696円〜。

装して、創作和カフェ『cafe甘 本店』を移転オープン。AZUKI de HAKKO（小豆で発酵）研究所を併設し、和の美味しさをリノベーションしたとも言えるネオ和スイーツのほか、新商品の発酵ようかん「美甘」をはじめとするおいしくて健康な発酵メニューなどを提供している。グルテンフリーなど健康志向の人にもおすすめだ。

代表取締役社長・研究所所長
徳山康彦さん

中央大学の商学部卒業。AZUKI de HAKKO研究所の所長として、お豆の創造活用に秀でた企業を目指している。「和菓子屋らしくないとよく言われますが、おいしく健康的な物づくりのため、いつも小豆と真摯に向き合っています」

113

| Map ▶ | E-3 | 洋菓子 | ◀ Category |

ル ミュゼ ドゥ アッシュ
KANAZAWA
ル ミュゼ ドゥ アッシュ カナザワ

店内には緑の見える大きな窓を設置。光が降り注ぐ中でのカフェタイムはまさに贅沢な時間。

シェフの代表作や贅沢な焼き菓子 季節を感じるスイーツを堪能

　国際大会で数々の賞を受賞してきた世界的なパティシエ辻口博啓氏が、地元である石川県で手掛けているパティスリー＆カフェのひとつ。石川県立美術館の中にあるので、美術館を訪れた折に立ち寄

るのはもちろんのこと、『ル ミュゼ ドゥ アッシュ KANAZAWA』のみ利用する場合は入館料不要。ケーキの購入やカフェを目的に足を運ぶ人も多いようだ。

　ここで楽しめるのはフランス大使館主催のコンクールで優勝した辻口氏の代表作「セラヴィ」をはじめ、北陸の地元素材や旬のフルーツを使用したケーキやパフ

Data ☎076-204-6100　🏠金沢市出羽町2-1 県立美術館内
🕐10:00〜18:00(L.O.17:00)　🈳不定休※美術館の休館日でも営業
🚌城下まち金沢周遊バス「広坂・21世紀美術館」より徒歩5分
🏠https://le-musee-de-h.jp/

❶「セラヴィ」715円、テイクアウトは
702円。❷オリジナルブレンドティー
をはじめドリンクも豊富。ケーキは目
で見ても楽しめる美しい断面にも注
目して。❸のとミルクの風味を生かし
たなめらかなプリン。ふわっと抜ける
バニラの香りで幸せな気分。

ェ。木漏れ日の差す開放的な空間がその
美しさを際立たせる。また、兼六園の"雪
吊り"からインスピレーションを受けて考
案された創作菓子「YUKIZURI」のほか、
素材と製法にこだわったバウムクーヘン
や焼き菓子ギフトなど、贈り物として喜ば
れるスイーツも並んでいるので、旅の土産
探しとしてもおすすめである。

パティシエ
辻口博啓さん

クープ・デュ・モンドなど洋
菓子の世界大会で幾度も優
勝。スイーツを通した地域振
興、プロデュース、講演など
幅広く活躍。スーパースイー
ツ製菓専門学校の校長、一
般社団法人日本スイーツ協
会の代表理事も務める。

Map ▶	D-2	洋菓子	◀ Category

フルーツパーラー むらはた

フルーツパーラー むらはた

Data
- ☎076-224-6800
- 住金沢市武蔵町2-12　本店第一ビル
- 営10:00～19:00(L.O.18:30)
  ※1階ギフトショップは～18:00
- 休不定休
- 交北鉄路線バス「武蔵ヶ辻・近江町市場
  (いちば館前)」より徒歩3分
- Hhttps://www.murahata.co.jp/

❶定番のフルーツ・プリン・チョコをはじめ、シーズンメニューもラインアップ。「金澤パフェ」650円～❷本店2階のフルーツパーラー。1階はギフトショップとなっている。❸レトロな雰囲気と食べ応えのあるバナナクリームが好評の「1983年からのバナナパイ」400円。

老舗果物専門店が手がける
味も見た目も華やかなパフェ

　創業109年の歴史をもつ果物専門店。1階ギフトショップで購入できる「金澤パフェ」は程よいサイズ感が魅力で、3種の定番メニューに加え、旬のフルーツを味わえる季節限定メニューも用意する。昔ながらの味に仕上げた「1983年からの〜」シリーズも好評だ。また2階のフルーツパーラーでは、パフェを中心に果物を生かした多彩なスイーツを提供。豪華にいきたいときは、厳選フルーツのパフェが外せない。その時期にもっともおいしいフルーツをたっぷり使った、見た目にもゴージャスなパフェを味わうことができる。

| Map ▶ | E-2 | 和菓子 | ◀ Category |

きんつば中田屋
東山茶屋街店

きんつばなかたや ひがしやまちゃやがいてん

Data

☎076-254-1200
住石川県金沢市東山1-5-9
営9:00〜17:00
　※甘味処「和味」は〜16:30(L.O.16:00)
休1月1・2日※甘味処「和味」は火曜・水曜
交北鉄路線バス「橋場町
　（主計町・ひがし茶屋街）」より徒歩3分
Hhttps://www.kintuba.co.jp/

❶ふっくら艶やかなつぶ餡が、見た目にも美しい「きんつば」3個入り594円。甘みを引き立てる塩加減も絶妙。❷2階の甘味処では「チーズケーキ」コーヒーセット1,045円などの洋菓子も充実。小豆を極めた『中田屋』の技が生きている。❸ひがし茶屋街の中にあるレトロな外観。

創業90年を迎える和菓子店で
きんつばと小豆スイーツを

　昭和9（1934）年の創業以来、お土産や贈り物、地元の人のおやつにと、愛され続ける店。和菓子処である金沢で「きんつばといえば中田屋」と名が挙がるほどだ。シンプルな和菓子だからこそ、厳選された素材と職人の技がものを言う。艶やかでふっくらとした北海道大納言小豆は粒を潰さないようじっくりと煮上げ、職人の技で一つ一つ丁寧に焼き上げる。伝統の味を守るためには、この手間ひまが欠かせない。併設の甘味処「和味」では、能登大納言小豆を用いたお菓子が楽しめる。ケーキはテイクアウトも可能だ。

117

| Map ▶ | E-2 | カフェ | ◀ Category |

生麩甘味処 不室茶屋
なまふかんみどころ ふむろちゃや

『加賀麩不室屋』特製の「しら玉生麩」が楽しめる甘味処

Data
- ☎076-255-2260
- 🏠石川県金沢市東山1-25-4
- ⏰10:00〜17:00(L.O.16:30)
- 休無休(年末年始は休業あり)
- 🚌城下まち金沢周遊バス右回りルート「橋場町4(交番前)」より徒歩4分
- Ⓗhttps://www.fumuroya.co.jp/shop-list/fumuro-chaya/
- Ⓨしら玉生麩950円

| Map ▶ | A-3 | 和菓子 | ◀ Category |

柴舟小出 本社・横川店
しばふねこいで ほんしゃ よこかわてん

素材選びと菓子作りにこだわった唯一無二の和菓子

Data
- ☎076-241-3548
- 🏠石川県金沢市横川7-2-4
- ⏰9:00〜18:30、日曜・祝日9:00〜18:00
- 休無休(1月1日・2日は休業)
- 🚌北陸鉄道石川線押野駅より徒歩3分
- Ⓗhttps://www.shibafunekoide.co.jp/
- Ⓨ山野草(8個化粧箱入り)1,728円

| Map ▶ | A-3 | 和菓子 | ◀ Category |

和菓子村上 本社店
わがしむらかみ ほんしゃてん

淡く透きとおった色彩の繊細な干菓子「わり氷」に注目

Data
- ☎076-242-1411
- 🏠石川県金沢市泉本町1-4
- ⏰8:45〜17:30(L.O.)
- 休無休(1月1日は休業)
- 🚌北陸鉄道石川線西泉駅より車で5分
- Ⓗhttps://www.wagashi-murakami.com/
- Ⓨわり氷216円〜

| Map ▶ | E-1 | 和菓子 | ◀ Category |

吉はし 菓子店
よしはし かしてん

お茶文化の街で見た目も鮮やかな上生菓子を堪能

Data
- ☎076-252-2634
- 🏠石川県金沢市東山2-2-2
- ⏰9:30〜17:30(L.O.)、
  月曜9:30〜12:00(L.O.)、
  日曜・祝日9:30〜11:00(L.O.)
- 休不定休
- 🚌城下まち金沢周遊バス左回りルート「東山三丁目」より徒歩3分
- Ⓗなし　Ⓨ上生菓子1個345円〜

☑Eat in ☑Takeout ☑Souvenir

Map D-2 | 洋菓子 Category

パティスリーローブ 花鏡庵

パティスリーローブかきょうあん

ジャンルの枠を超えた熟練パティシエによる創作菓子

Data
☎076-254-0903
住石川県金沢市尾張町2-4-13
営12:00～18:00
カフェは13:00～18:00(L.O.17:30)
休不定休
交金沢ふらっとバス(此花ルート)
「近江町市場・市姫神社」より徒歩3分
H https://www.instagram.com/patisserie_laube/
¥ chouchou(シュシュ)700円

☑Eat in ☑Takeout ☑Souvenir

Map C-3 | 洋菓子 Category

アイソトープカフェ

アイソトープカフェ

石川県産の食材を使った素朴な焼き菓子とカレーが自慢

Data
☎なし
住石川県金沢市中央通町7-27
営8:30～17:00(L.O.)
休月曜、金曜※変更の場合あり
交北鉄路線バス「片町中央通り」より徒歩3分
H https://www.instagram.com/isotope_cafe/
¥ドリンク300円～、各種焼き菓子300円～

☑Eat in ☑Takeout ☑Souvenir

Map D-2 | 珈琲専門店 Category

東出珈琲店

ひがしでこーひーてん

浅煎りから深煎りまで約20種類の自家焙煎コーヒー

Data
☎076-232-3399
住石川県金沢市十間町42
営9:00～18:00
休水曜、日曜、祝日
交金沢ふらっとバス(材木ルート)
「十間町」より徒歩1分
H http://higashidecoffee.amsstudio.jp/
¥東出ブレンド480円、自家製プリン450円

☑Eat in ☑Takeout ☑Souvenir

Map C-4 | カフェ Category

salon de the kawamura

サロン ド テ カワムラ

素材の魅力に想いを添えた『甘納豆かわむら』の和菓子を提供

Data
☎076-282-7000
住石川県金沢市野町2-24-7 甘納豆かわむら2F
営10:00～17:30(L.O.17:00)、
日曜・祝日～16:30(L.O.16:00)
休第1火曜
交金沢ふらっとバス(材木ルート)
「にし茶屋街」より徒歩2分
H https://mame-kawamura.com/
¥本黒わらび餅1,400円

「金沢の食」
語りつくせぬ四方山話

食について語ると御国自慢となるのは万国共通だが
金沢はその歴史・風土が作り上げた、本当にさまざまな魅力に溢れている。
旅をより深く、おいしく楽しめるように。
東京出身だが金沢に足掛け15年以上在住し、金沢の食文化にも造詣が深い
平八郎氏にその魅力について話を聞いた。

今回は"名店"のセレクトにご協力いただきありがとうございます。金沢の食の魅力とはどんなところにあると思いますか。

「私は転勤族で札幌から沖縄までいろいろいっているけど、結局金沢に居着いてしまった。グルメでもなんでもないけれど、金沢の食の魅力はつくづく感じています。なかでも金沢の食を語るのに、風土と歴史という部分はすごく大切。よく比較されるのが京都だが、京都には海がない。金沢は近くに海と山があり、新鮮な食材の宝庫。そして江戸時代には北前船による交

「前田利家公から受け継がれた文化。
その精神を今も失っていない街です」

独自の技法が発展した加賀友禅。分業制で作られるので、金沢は職人の街でもあった

易で各地の物産が入ってくる。そういう地理的な条件環境も素晴らしい。そして歴史という点では前田利家公が入城してからの歴史の影響が大きい。例えば日本三大茶処といわれるほどに発展したお茶の文化。そしてこのお茶には九谷焼や漆器などの茶道具はもちろん、加賀友禅の着物を着て……と、すべてといっていいぐらい伝統工芸が詰め込まれている。さらに茶席には掛軸、季節の花、和菓子があって……だから金沢は和菓子屋さんっていったら数えきれないほどある。こっちの人が『どらやきが好き』というとき、金沢の人は『どこどこのどらやきが好き』という。お気に入りのお店があって、お店とお菓子が一緒になっている。

　そんなお茶をはじめとする文化を京都から文化人を招いて築いていった金沢だが、一方で江戸時代になると江戸からの使者が来るので、饗応料理は江戸風にやらなければならない。料理人は近畿圏の人が多いので、その人たちが作ると江戸と京都がミックスした料理となり、それが

昇華し加賀料理となっていく。郷土料理としてはゴリ、治部煮、かぶら寿司などが有名ですね。例えば加賀料理に、鯛の身におからを詰めた『鯛の唐蒸し』という料理があります。どこの地域でもあったと思うが、必ず金沢では背開きにして作っている。腹開きは縁起が悪い。やはり前田家が作ってきた武家文化が料理にも影響している。まずは風土があって、人の営みの歴史に前田家という確固たるものがあって。それが今も金沢の食文化に脈々と息づいている」

加賀料理のひとつ、鯛の唐蒸し。背開きにした鯛に具材たっぷりの卯の花を詰める

話を聞いた地元の食通

金沢文化スポーツコミッション　代表
平八郎さん

1959年東京生まれ。2007年にIHG・ANA・ホテルズグループジャパンに入社し、金沢ほか札幌・沖縄・名古屋など各地を歴任。16年からANAクラウンプラザホテル金沢総支配人となる。18年に退職し現職に就任。金沢の文化・スポーツの振興発展のために駆け回る日々を過ごす。

旧暦の6月1日（現在の7月1日）に無病息災を祈り食べる酒饅頭「氷室饅頭」

　加賀料理の話となると、その歴史を担ってきたのはやはり料亭でしょうか。

　「100年以上の歴史がある料亭がたくさんありますが、そのルーツはやはり前田家にあります。『つば甚』さんはもともと刀の鍔を作っていた。『浅田屋』さんはもとは飛脚。飛脚として浅田と名乗ることを加賀藩から許され、明治になってから料亭をしている。そして別格なのが『大友楼』さん。ここは江戸時代から加賀藩の料理番として『大友楼』を名乗ることを許された。金沢

加賀百万石とも言われた前田家の財政力が金沢の文化の発展を支えた

の地図を見るとわかりやすいが、料亭のある場所はほとんど犀川沿い、浅野川沿い。しかし『大友楼』は城のすぐそば。地図からも店の由縁がわかります」。

　冬は寒くて曇りの日が多い金沢ですが、住んでみて気づいたことはありますか。

　「金沢は四季がしっかりある土地。いろいろな土地で過ごしましたが、春夏秋冬をしっかり感じられる町は意外と少ない。また四季があるということは、四季折々の行事があるということ。今でも覚えているのが、はじめて金沢に着任した年の6/30に紅白の饅頭が置いてあったので何も知らずに食べた。後でわかったのですがこれが氷室饅頭。今も1月に氷を湯涌温泉にある氷室に納めているが、江戸時代は7/1にお殿様がその氷を食べていたそう。庶民はなかなか氷を食べられないので、饅頭にして食べたというわけ。夏場の健康を願ってみんなで食べるものだが、そのタイミングに来ないと経験できない。そういう点では金沢の季節の食は豊富にありすぎて、住まない限りわからないものが多い。16年住んでいて初めて知ることもたくさん。カニの解禁もそう。年内いっぱいは雌

小ぶりな香箱蟹の甲羅に身や卵を盛り付けた料理（写真はP26千取寿し）

「加賀料理はすべてが重なりあって
作られた、総合芸術といえます」

の香箱蟹。雄は加能蟹といって3月はじめぐらいまで。今の冷凍技術を駆使すれば年中食べられるのに、金沢ではその季節にいただく。なので金沢は最低でも年4回は来ていただかないと（笑）。そうするとそれぞれにおいしいものを食べることができる。なかでも気候は悪いが、冬が一番。太平洋側だと雷は夏のものですが、ここでは11月の中ばぐらいに窓が揺れるぐらいの雷が鳴る。これ何？といったら「鰤おこし」ですよ、とあっさり。雷でびっくりして富山湾にブリが入ってきて寒ブリが食べられる合図になる、というわけ。金沢では季節の出来事が、暮らしや食と密接に繋がっている」

器と重なりあうことで食べるのも惜しくなる。サービスしてくれる人たちも和服姿だったり。それらの人の身のこなしまで、全て重なり合ったのが加賀料理だと思う。長い歴史の中で積み重ねて育んだ『総合芸術』が金沢の食なのです」

最後に金沢を訪れる人に向けて一言。
「金沢は"はずれのない町"だと思います。どの飲食店もクオリティが高い。要は新しいお店ができたとしても中途半端なお店は半年以上もたないです。一見さんお断りの店も多いですが"はずれのない町"を信じて、ぜひ暖簾をくぐってみてください」

中からはよく見えるが外から見えづらい荒格子が特徴の金澤町家（写真はP6大友楼）

金沢では町家を利用した店が多いのも魅力ですね。
「外観の美しさもそうですが、中に入ると店のしつらいはもちろん、少し中は暗く、お香の香りも漂い、タイムスリップしたような気分になる。そして職人気質なので料理へのこだわり、技術もすごい。それが

金沢MAP

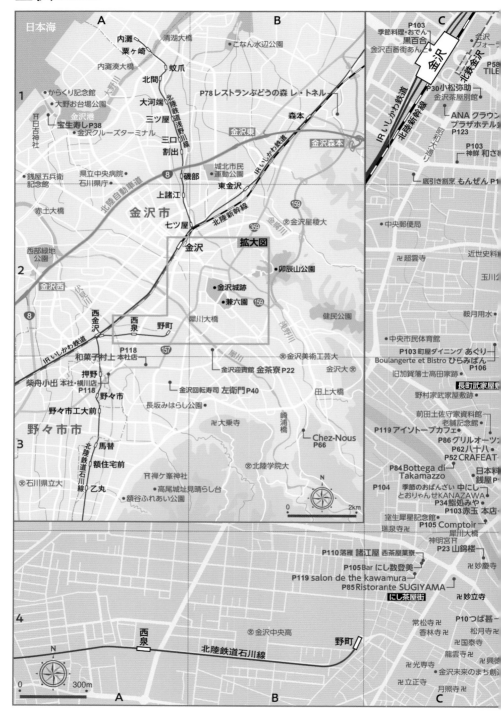

日本海

A

内灘
粟ヶ崎
内灘湊大橋
蚊爪
北間

清湖大橋

こなん水辺公園

B

P103
季節料理・おでん
黒百合
金沢百番街あんと
金沢百番街あんと

C

金沢
フォーラ

金沢
北陸金沢

P58
TILE

からくり記念館
大野お台場公園
金沢港 P38
宝生寿し
金沢クルーズターミナル

大河端
三ツ屋
三口
割出

北陸鉄道浅野川線

P78レストランぶどうの森 レ・トネル

森本

金沢東

金沢森本

P30小松弥助
金沢茶屋別館

ANA クラウン
プラザホテル
P123

P103
神鮮 和さ

日吉神社

銭屋五兵衛
記念館

県立中央病院
石川県庁

赤土大橋

北陸自動車道

8

磯部

上諸江

金沢市

七ツ屋

城北市民
運動公園

東金沢

IRいしかわ鉄道

159

北陸新幹線

金沢星稜大

底引き割烹 もんぜん P1

中央郵便局

超雲寺

近世史料

西部緑地
公園

金沢西

8

西金沢

金沢

金沢城跡

兼六園

拡大図

卯辰山公園

159

健民公園

玉川公

鞍月用水

P118
和菓子村上 本社店

押野

柴舟小出 本社・横川店
P118

野々市

野々市工大前

野々市市

馬替

額住宅前

石川県立大

北陸
鉄道
石川
線

乙丸

西泉 野町

157

犀川大橋

金沢迎賓館 金茶寮 P22

金沢回転寿司 左衛門 P40

長坂みはらし公園

大乗寺

禅ケ峯神社

高尾城址見晴らし台

額谷ふれあい公園

金沢美術工芸大

金沢大

田上大橋

崎
浦
橋

Chez-Nous
P66

北陸学院大

N

0   2km

中央市民体育館

P103 町屋ダイニング あぐり
Boulangerte et Bistro ひらぱん
P106

旧加賀藩士高田家跡

長町武家屋

野村家武家屋敷跡

前田土佐守家資料館
老舗記念館
P119 アイソトープカフェ

P86 グリルオーツ

P62八十八
P52 CRAFEAT

P84 Bottega di
Takamazzo

季節のおばんざい 中にし
とおりゃんせKANAZAWA
P34鮨処みや

P104

日本料

銭屋P

P103赤玉 本店

室生犀星記念館

瑞泉寺

神明宮

P105 Comptoir

犀川大橋

P23 山錦楼

P110落雁 諸江屋 西茶屋菓寮

P105 Bar にし数登美

妙慶寺

P119 salon de the kawamura
P85 Ristorante SUGIYAMA

にし茶屋街

妙立寺

常松寺
香林寺

龍雲寺
光専寺

立正寺

金沢未来のまち創

P10つば甚

松月寺
国泰寺

興徳寺

月照寺

西泉

N

0   300m

北陸鉄道石川線

野町

A   B   C

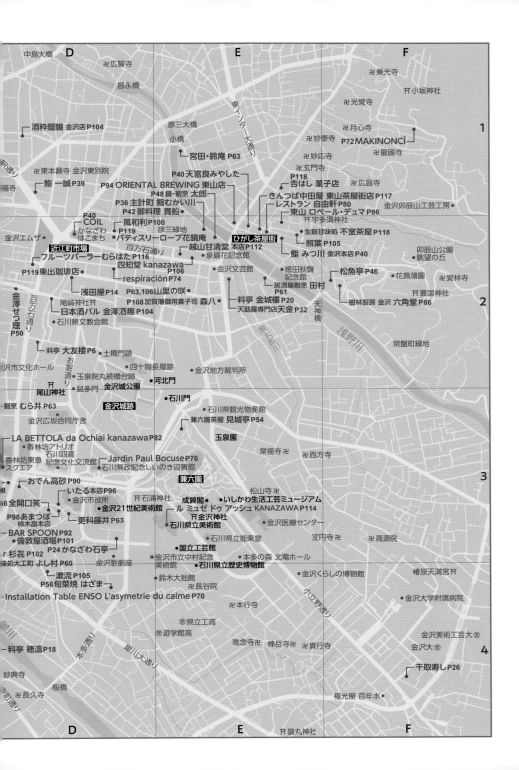

金沢駅（鼓門）　近江町市場

索引リスト

浅野川大橋　おでん高砂 (P90)

【ジャンルマーク】

★金沢料亭　●寿司・天ぷら　▲和食　■洋食・各国料理
☆居酒屋・おでん・バー　○和洋菓子・カフェ

地元の食通が薦める
加賀百万石・
金沢が誇る名店

企画制作	株式会社ネオパブリシティ
	編集／田口真由美
	執筆／久保愛、白木貴子、瀬古未由、松田支信、森澤直人、山下淳、横田淑乃
	撮影／森澤直人、田口真由美
アートディレクション	金井久幸(TwoThree)
デザイン	松坂健(TwoThree)
DTP	TwoThree
地図	庄司英雄
画像協力	金沢市観光協会、金沢市農産物ブランド協会
Special Thanks	平八郎さんとそのお仲間の皆様

第1刷	2024年3月12日
編者	「加賀百万石・金沢が誇る名店」製作委員会
発行者	菊地克英
発行	株式会社東京ニュース通信社 〒104-6224 東京都中央区晴海1-8-12 電話／03-6367-8023
発売	株式会社講談社 〒112-8001 東京都文京区音羽2-12-21 電話／03-5395-3606
印刷・製本	株式会社シナノ